Lesekurs Deutsch

Band 1

Lesekurs Deutsch

Band 1

Redaktion

장은수 · Hans-Alexander Kneider · 김형래

류용상 · Kai Köhler · 배기정

Michael Weitz · 서유정

HU:iNE

책머리에

흔히들 독일어가 어렵다고 합니다. 하지만 독일어만큼 체계적이고 논리적인 언어도 없습니다. 이 책은 이런 독일어의 특성을 살려 한국외국어대학교 독일어과 교수진이 개발한 독해 집중훈련 교재입니다. 이 교재는 대학의 전공강의와 교양외국어, 제2외국어 강의에 다 사용될 수 있고, FLEX같은 독일어인증시험을 준비하는 수험생에게도 좋은 지침서로 활용될 수 있습니다. 이 경우 교재 뒤에 따로 정리해둔 번역모델과 연습문제 해답이 유용하게 쓰일 것입니다.

문법 설명이나 번역에 치중하고 있는 기존의 어학교재들과 차별화된 이 책의 목표는 무엇보다 다양한 텍스트를 제대로 소화해 낼 능력을 배양하는 것입니다. 이를 위해서는 텍스트를 그 주제와 형식 면에서 어떻게 읽어낼지 구체적으로 배워야 할 것입니다.

나아가 우리는 단순히 독일어문장을 습득하는데 그치지 않고, 독일문화 전반에 관한 이해력까지도 증진시키는 폭넓은 스펙트럼을 제공하고자 합니다. 또한 텍스트의 난이도도 쉬운 것부터 학술 전문 수준까지 학습자의 능력에 맞춰 활용할 수 있도록 배려했습니다.

이 책에는 매우 다양한 종류의 글이 실려 있습니다. 텍스트의 길이도 다양하고, 시사적인 글과 문학적인 글을 모두 다루고 있습니다. 뉴스와 언론보도, 강연문, 경제 및 철학텍스트, 그리고 동화와 일화, 영화 시나리오 등이 들어있습니다.

그렇다면 독일어를 배우는데 왜 이렇게 다양한 글을 읽어야 하는 걸까요? 일상회화를 잘 하는 사람도 경제 시사문은 어려워 할 수 있습니다. 또한 경제 시사문에 익숙한 사람이라도 간단한 시 한편 읽어낼 능력이 부족할 수도 있습니다. 시사적인 글의 용어나 문장구조는 시나 동화 같은 문학작품과는 다르기 때문입니다.

이 책에서는 단어를 별도로 외우도록 강요하지 않습니다. 단어는 텍스트 문맥 안에서 익혀야 하기 때문입니다. 우리가 기본적으로 익혀야 할 "학습단어 Lernvokabeln"는 밑줄을 쳐서 강조해 두었습니다. 보충 설명이 필요한 단어들은 "용어목록 Glossar"에 그 의미와 용례들을 설명해 두었습니다.

독해 훈련에서 중요한 것은 텍스트 전체를 빨리 읽어내는 감각입니다. 여러 텍스트를 정확히 분석하는 연습을 하고 나면, 어떤 텍스트를 만나도 자신 있게 해독할 수 있는 능력이 생길 것입니다. Lesekurs Deutsch를 학습하는 동안 여러분은 마치 탐험가처럼 비밀의 화원에 숨은 코드를 찾아내는 즐거움을 만끽하게 될 것입니다.

2022년 2월

Lesekurs Deutsch 편집위원회

Einleitung

Zwar gilt Deutsch als eine schwierige Sprache. Doch gibt es nur wenige Sprachen, die so logisch aufgebaut sind wie das Deutsche. Dieses Buch führt Sie durch ein intensives Training zu einem besseren Leseverständnis. Die Texte und Filme wurden auf der Grundlage mehrjähriger Unterrichtserfahrungen an der Hankuk University of Foreign Studies (HUFS) ausgewählt und didaktisiert. Ebenfalls geeignet ist dieses Lesebuch zur Vorbereitung auf den FLEX-Test (Foreign Language Examination). Selbstlerner können im Anhang Modellübersetzungen aller Lektionen und Lösungsschlüssel finden.

Sie üben hier, wie Sie Deutsch lesen und schnell die wichtigsten Inhalte erfassen können. Zu diesem Zweck haben wir sehr unterschiedliche Texte ausgesucht. Manche Texte sind lang, manche kurz, manche sind fiktional, manche nonfiktional. Bei den fiktionalen Texten finden Sie ein Märchen, eine Anekdote, Ausschnitte aus einem Roman. Bei den nonfiktionalen Texten handelt es sich um Nachrichten, um journalistische Texte zu aktuellen Themen, um Wissenschaftsprosa, Wirtschaftstexte und manchmal auch um Historisches.

Doch warum so unterschiedliche Texte? Wer einem Alltagsgespräch folgen kann, wird noch lange keinen Wirtschaftstext verstehen. Und wer einen Wirtschaftstext versteht, kann nicht unbedingt mit Gedichten umgehen. Berichte aus der Wissenschaft haben andere Vokabeln und Strukturen als zum Beispiel Märchen.

Ein weiteres Ziel dieses Kurses ist, dass Sie viele Vokabeln kennen lernen. Vokabeln behält man am besten im Zusammenhang eines Themas. Wir unterscheiden zwischen Vokabeln und Lernvokabeln. Wörter, die Sie vielleicht nicht verstehen und die vielleicht auch im Wörterbuch nur schwierig oder gar nicht zu finden sind, erklären wir Ihnen in einem Glossar. Wörter, Strukturen und Ausdrücke, die Sie in jedem Fall lernen sollen, unterstreichen wir.

Einige Texte sind einfach, andere Texte sind etwas schwieriger. Betrachten Sie die Texte, die wir Ihnen anbieten, als kleine Geheimnisse, die Sie lüften möchten. Betrachten Sie unseren Lesekurs Deutsch als ein Büchlein, das in einer seltsam rätselhaften Sprache geschrieben ist. Betrachten Sie es als einen Code, den Sie entschlüsseln müssen. Es ist die Sprache, die Sie lernen möchten. Dabei wünschen wir Ihnen viel Erfolg!

Seoul im Februar 2022

Redaktion Lesekurs Deutsch

목차

Inhaltsverzeichnis

이 책의 구성 및 활용방법

Meldung 2

Der Wechsel von Lukas Podolski vom FC Bayern München zum 1. FC Köln ist perfekt. Nach monatelangem **Vertragspoker** kehrt der Fußball-Nationalspieler im Sommer zu seinem ehemaligen Club zurück. Er sei froh, dass die Entscheidung über seine sportliche Zukunft gefallen sei und die **Spekulationen** um seine Person ein Ende hätten, erklärte Podolski am Montag. Podolskis neuer Vertrag läuft bis 2013. Die Höhe der **Ablösesumme** für den **Angreifer** soll bei insgesamt zehn Millionen Euro liegen. Für dieselbe Summe war Podolski im Jahr 2006 von Köln nach München gewechselt.

Lernvokabeln

Glossar

이 책은 위와 같은 본문에 이어 다음과 같은 학습 문제들로 구성되어 있다.

Lernvokabeln

본문에서 기본적으로 알아두어야 할 어휘들을 활용하여 독일어 문장을 만드는 연습을 한다.

Verstehen und Schreiben

본문을 구성하는 각 소문단의 제목을 찾아보고, 다시 각 문단을 요약해 봄으로써 본문을 정확하고 효과적으로 이해하는 능력을 기른다.

Fragen zum Text

본문에 대한 다양한 질문을 주관식으로 제시하고 있다. 교수자와 학습자의 토론을 통해 해답을 찾는다면 본문을 이해하는 데 더욱 효과적일 것이다.

Aufgaben

본문과 관련된 주제를 가지고 교수자와 학습자가 자유롭게 토론할 수 있도록 구성되어 있다. 정답보다는 다양한 의견을 나누는 것이 중요하다. 특히 원어민 교수가 함께 한다면 더욱 효과적일 것이다.(물론 이 과제가 부여되지 않은 과도 있다.)

Übungen

이 문제들은 객관식 문제들로 학습자가 스스로 본문 이해 정도를 테스트해 볼 수 있도록 구성되어 있다 특히 이 문제들은 한국외국어대학교의 외국어인증시험인 FLEX를 준비하는 데 큰 도움이 될 것이다.

Grammatik

본문을 이해하는 데 핵심적이라고 생각되는 문법 사항을 연습문제를 통해 학습할 수 있도록 구성했다.

Glossar

본문에 굵은 글씨로 표시된 어휘들을 정리해 놓은 것으로써 어휘의 의미를 원어로 좀 더 구체적으로 설명하고 있다. 이를 통해 독일어 단어만이 가지는 미묘한 뉘앙스를 이해하는 데 많은 도움이 될 것이다.

1

Nachrichten

Lesekurs Deutsch

1. Nachrichten

Meldungen und Wettervorhersagen

Meldung 1

Der **Bildschirm** im Sofa und der Sessel für die Küche – neue Einrichtungstrends zeigt seit Montag die weltgrößte Möbel**messe** IMM Cologne. An der einwöchigen Schau beteiligen sich rund 1.060 Aussteller aus 49 Ländern. Eines der großen Themen ist nach Veranstalter-Angaben das **Verschmelzen** verschiedener Wohnbereiche: Die Küche öffne sich immer mehr zum Ess- und Wohnzimmer, das Bad rücke näher an das Schlafzimmer heran, sagte der Präsident des Verbands der Deutschen Möbelindustrie (VDM), Elmar Duffner. Das **spiegle sich** auch in den Möbeln **wider**.

Lernvokabeln

• Bilden Sie mit jeder unterstrichenen Vokabel zwei Sätze.

Verstehen und Schreiben

• Finden Sie eine passende Überschrift für diese Nachricht.

• Schreiben Sie eine Zusammenfassung und benutzen Sie dabei die von Ihnen gefundene Überschrift.

Fragen zum Text

1. Was wird auf der IMM Cologne ausgestellt?
2. Wie lange dauert die Messe?
3. Wie viele Länder nehmen an der Ausstellung teil?
4. Nennen Sie eines der Themen der IMM Cologne.
5. Was ist mit "Verschmelzen verschiedener Wohnbereiche" gemeint?

Übungen

I. Lesen Sie den folgenden Text und beantworten Sie die Fragen dazu.

> Der Bildschirm im Sofa und der Sessel für die Küche – neue Einrichtungstrends zeigt seit Montag die weltgrößte Möbelmesse IMM Cologne. (a) An der einwöchigen Schau beteiligen sich rund 1.060 Aussteller aus 49 Ländern. Eines der großen Themen ist nach Veranstalter-Angaben das Verschmelzen verschiedener Wohnbereiche: Die Küche (b) (öffnen) sich immer mehr zum Ess- und Wohnzimmer, das Bad (c) (rücken) näher an das Schlafzimmer heran, sagte der Präsident des Verbands der Deutschen Möbelindustrie (VDM), Elmar Duffner. (d) Das spiegle sich auch in den Möbeln wider.

1. Was wird im Text nicht erwähnt? _____

① aktuelle Möbeltrends
② die Dauer der Möbelmesse IMM Cologne
③ die Zahl der Teilnehmer auf der IMM Cologne
④ verschiedene Möbelmessen

2. Welche der folgenden Aussagen entspricht nicht dem Inhalt vom Satz (a)? _____

① Die Schau mit 1.060 Ausstellern aus 49 Ländern dauert 7 Tage.
② In einer Woche werden 49 Länder an 1.060 Ausstellungen teilnehmen.
③ 1.060 Teilnehmer aus 49 Ländern nehmen an der Ausstellung teil, die 7 Tage dauern wird.
④ Bei der einwöchigen Schau wirken etwa 1.060 Aussteller aus 49 Ländern mit.

3. Schreiben Sie die richtigen Verbformen von (b) und (c).

(b) (c)

4. Übersetzen Sie die beiden Beispiele im Text, die sich auf das Wort "Das" in Satz (d) beziehen, ins Koreanische.

1)

2)

Meldung 2

Der Wechsel von Lukas Podolski vom FC Bayern München zum 1. FC Köln ist perfekt. Nach monatelangem **Vertragspoker** kehrt der Fußball-Nationalspieler im Sommer zu seinem ehemaligen Club zurück. Er sei froh, dass die Entscheidung über seine sportliche Zukunft gefallen sei und die **Spekulationen** um seine Person ein Ende hätten, erklärte Podolski am Montag. Podolskis neuer Vertrag läuft bis 2013. Die Höhe der **Ablösesumme** für den **Angreifer** soll bei insgesamt zehn Millionen Euro liegen. Für dieselbe Summe war Podolski im Jahr 2006 von Köln nach München gewechselt.

Lernvokabeln

- Bilden Sie mit jeder unterstrichenen Vokabel zwei Sätze.

Verstehen und Schreiben

- Finden Sie eine passende Überschrift für diese Nachricht.
- Schreiben Sie eine Zusammenfassung und benutzen Sie dabei die von Ihnen gefundene Überschrift.

Fragen zum Text

1. Worum geht es in diesem Text?
2. Wie empfindet Podolski die Entscheidung?
3. Wie lange dauerten die Verhandlungen?
4. Bei welchem Club spielte Podolski, bevor er nach München kam?
5. Welche Ablösesumme wurde im Jahr 2006 bezahlt?

Übungen

II. Lesen Sie den folgenden Text und beantworten Sie die Fragen dazu.

Der Wechsel von Lukas Podolski vom FC Bayern München zum 1. FC Köln ist perfekt. Nach monatelangem Vertragspoker kehrt der Fußball-Nationalspieler im Sommer zu seinem ehemaligen Club zurück. (a) Er sei froh, dass die Entscheidung über seine sportliche Zukunft gefallen sei und die Spekulationen um seine Person ein Ende hätten, erklärte Podolski am Montag. Podolskis neuer Vertrag läuft bis 2013. Die Höhe der Ablösesumme für den Angreifer soll (b) ______ insgesamt zehn Millionen Euro liegen. Für dieselbe Summe war Podolski im Jahr 2006 von Köln nach München gewechselt.

1. Welcher der folgenden Sätze passt nicht zu Podolski? ______

① Er hat sein Vermögen durch Spekulationen verloren.

② Er wird beim 1. FC Köln spielen.

③ Er ist Stürmer.

④ Er spielte früher beim 1. FC Köln.

2. Wandeln Sie den Satz (a) in direkte Rede um.

"Ich bin froh, dass ______________________________"

3. Setzen Sie die richtige Präposition in (b) ein.

① bei
② in
③ um
④ zu

4. Welcher der folgenden Sätze entspricht nicht dem Text?

① Podolski spielte früher beim 1.FC Köln, bevor er zum FC Bayern München kam.
② Podolski hat am Montag den neuen Vertrag mit dem 1.FC Köln abgeschlossen.
③ Der 1.FC Köln soll für Podolski zehn Millionen Euro bezahlen.
④ Podolski hat viele Monate Poker gespielt.

Wettervorhersage 1

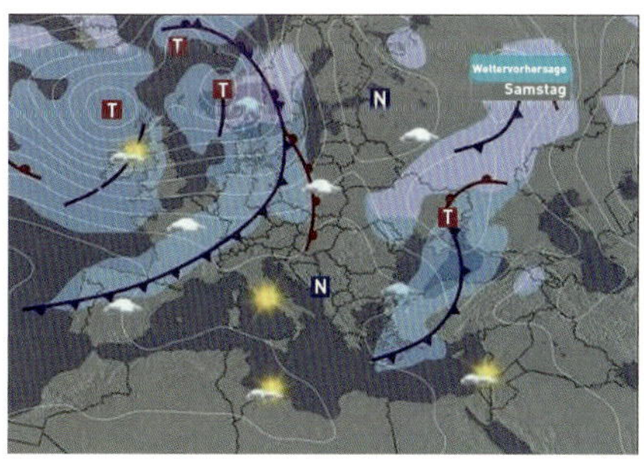

Hier die **Großwetterlage** für morgen, Sonntag, den 11. November. Das **Tiefdruckgebiet** aus Skandinavien wird weiterhin das Wetter in Norddeutschland bestimmen mit Schneeregen und nächtlichem Frost. Auch für den restlichen Teil Deutschlands muss mit **Niederschlägen** und Temperaturen um den **Gefrierpunkt** gerechnet werden. Eine Ausnahme bildet nur der Südwesten Deutschlands mit Aufheiterungen und milden Temperaturen um 10 Grad. Eine Besserung des Wetters wird erst am Mittwoch eintreten, wenn ein **Hoch** aus Russland uns erreicht, das kaltes, klares Wetter mit sich bringt.

Lernvokabeln

• Bilden Sie mit jeder unterstrichenen Vokabel zwei Sätze.

Fragen zum Text

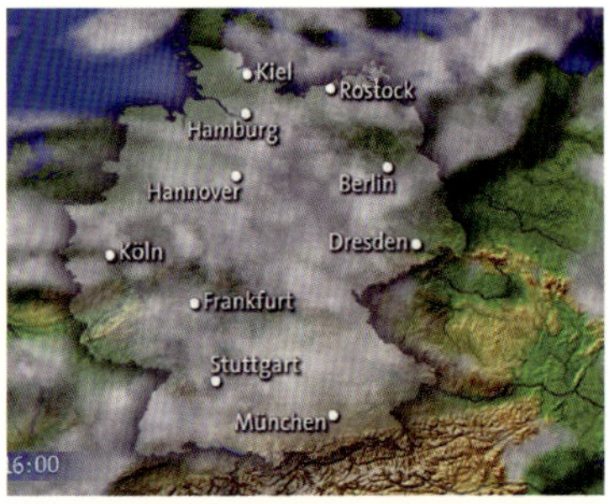

1. Wodurch wird das Wetter in Norddeutschland bestimmt?
2. Wie ist das Wetter in Südwestdeutschland?
3. Wie viele Tage dauert es bis zu einer Wetterbesserung?

Übungen

III. Lesen Sie den folgenden Text und beantworten Sie die Fragen dazu.

Hier die Großwetterlage für morgen, Sonntag, den 11. November. Das Tiefdruckgebiet aus Skandinavien wird weiterhin das Wetter in Norddeutschland bestimmen mit Schneeregen und nächtlichem Frost. Auch für den restlichen Teil Deutschlands muss (a) ______ (b) Niederschlägen und Temperaturen um den Gefrierpunkt gerechnet werden. Eine Ausnahme bildet nur der Südwesten Deutschlands mit Aufheiterungen und milden Temperaturen um 10 Grad. Eine Besserung des Wetters wird erst am Mittwoch eintreten, wenn ein Hoch aus Russland uns erreicht, das kaltes klares Wetter (c) mit sich bringt.

1. Setzen Sie die richtige Präposition in (a) ein.

2. Welches Wort passt <u>nicht</u> zu (b)?

① Schnee

② Regen

③ Hagel

④ Frost

3. Welches Verb entspricht (c)?

① verursacht

② überlegt

③ erfindet

④ verbringt

4. Wodurch wird das Wetter ab Mitte der Woche bestimmt?

① durch ein Tief aus Skandinavien

② durch ein Hoch aus Russland

③ durch den Schneeregen in Deutschland

④ durch die milden Temperaturen im Südwesten

5. Was entspricht dem Text?

① Das ganze Wochenende über gibt es in ganz Deutschland Niederschläge.

② Trotz schlechten Wetters wird es warm sein.

③ Nur im Südwesten Deutschlands wird es klar und mild sein.

④ Das Wetter in Deutschland wird sich weiterhin nicht ändern.

6. Was entspricht dem Text?

① Das Wetter in Norddeutschland ist besser als im Südwesten Deutschlands.

② Das Wetter in ganz Deutschland wird erst am Mittwoch besser.

③ Heute haben wir den 11. November.

④ Wenn ein Hoch das Wetter bestimmt, dann wird es regnen.

Wettervorhersage 2

Nun folgt der Wetterbericht für Dienstag, den 20. August: Im Großteil Deutschlands scheint heute wieder die Sonne. Entlang des Rheins ist das Wetter aber **unbeständig**, und es gibt hier immer wieder **Schauer** und **Gewitter**. Überwiegend trocken bleibt es im Osten. Abends bilden sich Wolken, und im Bereich der Alpen sind **Wärmegewitter** möglich. Am Mittwoch und Donnerstag blitzt und donnert es noch vereinzelt im Bergland, sonst bleibt es weitgehend trocken. Herrliches Sommerwetter wird dann ab Freitag erwartet.

Lernvokabeln

• Bilden Sie mit jeder unterstrichenen Vokabel zwei Sätze.

Fragen zum Text

1. Wie ist die Wetterlage im Rheingebiet?
2. Wie ist das Wetter im Osten?
3. Wie entwickelt sich das Wetter im Bereich der Alpen?
4. Wie lautet die Vorhersage für das Wochenende?
5. Sind folgende Aussagen richtig (R) oder falsch (F)?

   1) Im Großteil Deutschlands ist das Wetter unbeständig. ☐

   2) Im Rheinland gibt es ein Gewitter. ☐

   3) Im Bergland bleibt es die ganze Woche weitgehend trocken. ☐

Grammatik

1. Finden Sie in den Meldungen 1 und 2 Sätze, in denen Konjunktiv I bzw. indirekte Rede benutzt wird.
2. Wandeln Sie die indirekte Rede in direkte Rede um.

Glossar

- **Ablösesumme, die** – hier: Geld zum Kauf eines Spielers von einem Verein
- **Angreifer, der** – hier: der Stürmer beim Fußball
- **Bildschirm, der** – der Vorderteil eines Fernsehapparates, auf dem das Bild erscheint
- **Gefrierpunkt, der** – Temperatur, bei der ein flüssiger Stoff (bes. Wasser) vom flüssigen in den festen Zustand übergeht
- **Gewitter, das** – heftiger Regen mit Blitz und Donner
- **Großwetterlage** – die Wetterlage in einem relativ großen Gebiet über mehrere Tage
- **Hoch, das** – hoher Luftdruck
- **Messe, die** – eine Ausstellung von Industriewaren, meist international
- **Niederschlag, der** – Niederschläge (pl): Regen, Schnee, Hagel usw.
- **Schauer, der** – plötzlich auftretender, heftiger Regen
- **Spekulation, die** – hier: die Vermutung
- **Tiefdruckgebiet, das** – tiefer Luftdruck
- **unbeständig sein** – wechselhaft, nicht dauernd, veränderlich sein
- **Verschmelzen, das** – die Verbindung
- **Vertragspoker, der** – man versucht, die besten Vertragsbedingungen zu bekommen
- **Wärmegewitter** – durch starke Erwärmung bodennaher Luftschichten bei gleichzeitiger hoher Luftfeuchtigkeit entstehendes Gewitter
- **widerspiegeln, sich (reflexiv)** – sich als Wirkung zeigen

ANK 45

2 Märchen

Lesekurs Deutsch

2. Märchen

Die Fremdsprache

In der Schweiz lebte einmal ein Graf. Er hatte nur einen einzigen Sohn, aber der war dumm und wollte nichts lernen. Da sprach sein Vater zu ihm: "Mein lieber Sohn, du musst fort von hier. Ich will dich zu einem Lehrer schicken, der soll dich unterrichten. Ich möchte einen klugen Sohn!"

Der Junge zog also in eine andere Stadt und blieb ein Jahr bei dem Lehrer. Danach kam er wieder nach Hause zurück, und sein Vater fragte: "Nun, mein Sohn, du warst ein Jahr fort. Was hast du denn in dieser Zeit gelernt?" Und der Sohn antwortete: "Vater, ich kann jetzt bellen wie die Hunde, ich verstehe ihre Sprache." Da rief der Graf **zornig**: "Was? Sonst hast du nichts gelernt? Fort von hier, du bist nicht mehr mein Sohn. Ich will dich in meinem Haus nicht mehr sehen!"

Da verließ der Junge sein **Vaterhaus** und wanderte viele Tage und Wochen. Eines Tages kam er zu einer **Burg**. Es war schon Abend, und er wollte die Nacht hier bleiben. "Ja," sagte der **Burgherr**, "da unten in dem Turm kannst du schlafen. Es ist allerdings gefährlich. Drei wilde Hunde leben dort, die auch Menschen fressen. Alle Leute haben Angst vor ihnen." Aber der Junge hatte keine Angst und ging in den Turm.

Am nächsten Morgen kam er wieder heraus und war gesund. Da sprach er zum Burgherrn: "Ich habe mit den Hunden gesprochen, ich spreche ihre Sprache. Diese Hunde waren früher Menschen. Jetzt müssen sie dort einen Schatz bewachen. Diesen Schatz sollen wir herausholen." Da freute sich der Burgherr und sagte: "Dann geh und hol den Schatz!" Der Junge stieg also wieder hinunter und brachte wirklich eine Kiste mit Gold herauf.

Von diesem Tag an sah und hörte man die Hunde nicht mehr, und die Leute konnten wieder ohne Angst leben. Der Burgherr aber **nahm** den Jungen wie einen Sohn **auf**, und beide lebten noch lange und waren glücklich und zufrieden. Und wenn sie nicht gestorben sind, so leben sie noch heute.

(Nach Jakob und Wilhelm Grimm:
"Die drei Sprachen" in *Kinder- und Hausmärchen*, 1812-15)

Lernvokabeln

• Bilden Sie mit jeder unterstrichenen Vokabel zwei Sätze.

Verstehen und Schreiben

• Finden Sie passende Überschriften zu den einzelnen Abschnitten.

• Schreiben Sie eine Zusammenfassung und benutzen Sie dabei die von Ihnen gefundenen Überschriften.

Fragen zum Text

1. Wo spielt die Geschichte?
2. Was ist ein "Graf"?
3. Wie viele Kinder hat der Graf?
4. Wohin schickt der Vater seinen Sohn und warum?
5. Wie lange bleibt der Sohn fort?
6. Was hat der Sohn gelernt?
7. Was ist die Reaktion des Vaters?
8. Wo kommt der Junge eines Tages an und was will er dort?
9. Warum ist es im Turm gefährlich?
10. Warum überlebt der Junge die Nacht im Turm?
11. Welchen Auftrag bekommt der Junge vom Burgherrn?
12. Wie geht die Geschichte zu Ende?

Aufgabe

1. Was ist Ihrer Meinung nach die Moral dieser Geschichte?
2. Überlegen Sie sich ein anderes Ende für dieses Märchen.
3. Gibt es auch in Korea verschiedene Adelstitel? Erzählen Sie etwas darüber.

Übungen

I. Lesen Sie den folgenden Text und beantworten Sie die Fragen dazu.

In der Schweiz lebte einmal ein Graf. Er hatte nur einen einzigen Sohn, aber der war dumm und (a) wollte nichts lernen. Da sprach sein Vater zu ihm: "Mein lieber Sohn, du musst fort von hier. Ich will dich zu einem Lehrer schicken, der soll dich unterrichten. Ich möchte einen klugen Sohn!"

(b) Der Junge zog also in eine andere Stadt und blieb ein Jahr bei dem Lehrer. Danach kam er wieder nach Hause zurück, und sein Vater fragte: "Nun, mein Sohn, du warst ein Jahr fort. Was hast du denn in dieser Zeit gelernt?" Und der Sohn antwortete: "Vater, ich kann jetzt bellen wie die Hunde, ich verstehe ihre Sprache." Da rief der Graf (c) zornig: "Was? Sonst hast du nichts gelernt? Fort von hier, du bist nicht mehr mein Sohn. Ich will dich in meinem Haus nicht mehr sehen!"

1. Zu welchem Genre gehört dieser Text?

① Märchen
② Sage
③ Essay
④ Episode

2. Wohin schickt der Vater seinen Sohn und warum?

① Der Vater schickt ihn in den Turm, weil es im Turm gefährlich ist.

② Der Vater schickt ihn zu einem Lehrer, weil der Sohn keine Lust hatte zu lernen.

③ Der Vater schickt ihn zu einem Burgherrn, weil er bei ihm lernen wollte.

④ Der Vater schickt ihn zu einem Grafen, weil dieser ihm helfen wollte.

3. Was hat der Sohn beim Lehrer gelernt?

① Schreiben

② Singen

③ Schreien

④ Bellen

4. Wandeln Sie die unterstrichenen Sätze (a) und (b) ins Perfekt um.

(a)

(b)

5. Welches Wort ist nicht synonym zum unterstrichenen Wort (c)?

① ärgerlich

② entzückt

③ sauer

④ wütend

6. Wie wird der Sohn charakterisiert?

① gehorsam

② aggressiv

③ nervös

④ ängstlich

7. Welcher Satz entspricht nicht dem Text?

① Der Sohn musste sein Vaterhaus verlassen.

② Der Vater war nicht zufrieden mit seinem Sohn.

③ Der Sohn hat ein Jahr lang nichts gelernt.

④ Der Vater vertrieb seinen Sohn.

II. Lesen Sie den folgenden Text und beantworten Sie die Fragen dazu.

Da verließ der Junge sein Vaterhaus und wanderte viele Tage und Wochen. Eines Tages kam er zu einer Burg. Es war schon Abend, und er wollte die Nacht hier bleiben. "Ja," sagte der Burgherr, "da unten in dem Turm kannst du schlafen. Es ist allerdings gefährlich. (a) Drei wilde Hunde leben dort, die auch Menschen fressen. Alle Leute haben Angst vor ihnen." Aber der Junge hatte keine Angst und ging in den Turm.

Am nächsten Morgen kam er wieder heraus und war gesund. Da sprach er zum Burgherrn: "(b) Ich habe mit den Hunden gesprochen, ich spreche ihre Sprache. Diese Hunde waren früher Menschen. Jetzt müssen sie dort einen Schatz (c) ________ Diesen Schatz sollen wir heraushholen." Da (d) ________ sich der Burgherr und sagte: "Dann geh und hol den Schatz!" Der Junge stieg also wieder hinunter und brachte wirklich eine Kiste mit Gold herauf.

8. Warum ist es im Turm gefährlich? ______
   ① Weil der Turm zu tief und zu dunkel ist.
   ② Weil wilde Menschen dort leben, die wilde Hunde fressen.
   ③ Weil wilde Hunde dort leben, die auch Menschen fressen.
   ④ Weil keine Menschen und keine Hunde dort leben.

9. Schreiben Sie die Sätze (a) um und füllen Sie die Lücken.
   Dort leben drei ____________________ Hunde, vor ________ alle Leute Angst haben.

10. Schreiben Sie den Satz (b) in einen Relativsatz um und füllen Sie die Lücke.
   Ich habe mit den Hunden gesprochen, ________ Sprache ich spreche.

11. Welches Verb passt zu (c)? ______
   ① bestellen
   ② bewachen
   ③ bedenken
   ④ berichten

12. Welches Verb passt zu (d)?

① ermunterte

② drückte

③ freute

④ ärgerte

13. Warum überlebte der Junge die Nacht im Turm?

① Weil er sehr böse mit den wilden Menschen war.

② Weil er sehr freundlich zu dem Grafen war.

③ Weil er die Sprache der Hunde sprechen konnte.

④ Weil er den Schatz im Turm holen konnte.

Grammatik

• Wandeln Sie den Text ins Perfekt um.

Glossar

- **aufnehmen** – hier: jemanden adopticrcn
- **Burg, die** – eine befestigte Gebäudeanlage, eine Festung, eine Ritterwohnung
- **Burgherr, der** – der Besitzer einer Burg
- **Vaterhaus, das** – das Haus, in dem man geboren oder aufgewachsen ist
- **zornig** – wütend, ärgerlich, umgangssprachlich: sauer

3

Kultur

Lesekurs Deutsch

3. Kultur

2x Seltsames über Deutschland

Seltsames 1

Die Lieblingsbeschäftigung vieler Taxifahrer in Deutschland ist es, über das Wetter zu schimpfen. "Der Sommer war zu regnerisch!" So beschweren sie sich. "Einen richtigen Herbst gab es auch seit zwanzig Jahren nicht mehr, vom Winter schon **ganz zu schweigen**!" Auch diesen Satz hört man gern. "Es gibt nur gottverdammtes Zwischenwetter das ganze Jahr über", so schimpfen die Taxifahrer. Und oft haben sie damit Recht.

Doch manchmal hört Gott den Taxifahrern zu und schenkt ihnen **Gnade**. Dann kommt plötzlich mitten im Januar die Sonne heraus, die Straßen trocknen, der Himmel klart auf, draußen hat es satte zwölf Grad, und die Vögel **zwitschern**. Gleich versammeln sich Riesenherden von Schülern an kleinen Bahnhöfen. Sie tun so, als würden sie auf einen Zug warten, oder fahren auch tatsächlich mit der Regionalbahn ständig hin und her, wobei sie in Wirklichkeit die Schule schwänzen. Die Erwachsenen lächeln ihnen zu, die meisten haben volles Verständnis dafür und würden auch liebend gerne bei dem Wetter **blaumachen**.

(Nach Wladimir Kaminer: *Mein deutsches Dschungelbuch*, München 2005, S. 26f.)

Lernvokabeln

- Bilden Sie mit jeder unterstrichenen Vokabel zwei Sätze.

Verstehen und Schreiben

- Finden Sie passende Überschriften zu den einzelnen Abschnitten.
- Schreiben Sie eine Zusammenfassung und benutzen Sie dabei die von Ihnen gefundenen Überschriften.

Fragen zum Text

1. Was machen viele Taxifahrer in Deutschland gerne?
2. Wie wird der Sommer charakterisiert?
3. Was bedeutet im Text der Ausdruck "ein richtiger Herbst"?
4. Was passiert im Januar gelegentlich?
5. Warum versammeln sich die Schüler am Bahnhof?
6. Was bedeutet der Ausdruck "blaumachen"?

7. Sind folgende Aussagen richtig (R) oder falsch (F)?

Korrigieren Sie die falschen Aussagen.

1) Viele Taxifahrer finden das Wetter im Winter besonders angenehm. ☐

2) Die Taxifahrer haben mit ihrer Kritik am Wetter recht. ☐

3) Im Januar scheint nie die Sonne. ☐

4) Die Schüler fahren in Gruppen mit dem Zug zur Schule. ☐

5) Die meisten Erwachsenen billigen das Verhalten der Schüler. ☐

Aufgabe

1. Haben Sie schon einmal blau gemacht? Warum und in welcher Situation?
2. Worüber schimpfen Taxifahrer in Ihrem Heimatland?

Übungen

I. Lesen Sie den folgenden Text und beantworten Sie die Fragen dazu.

Die Lieblingsbeschäftigung vieler Taxifahrer in Deutschland ist es, über das Wetter zu schimpfen. “Der Sommer war zu regnerisch!” So beschweren sie sich. “Einen richtigen Herbst gab es auch seit zwanzig Jahren nicht mehr, vom Winter schon ganz zu schweigen!” Auch diesen Satz hört man gern. “Es gibt nur gottverdammtes Zwischenwetter das ganze Jahr über”, so schimpfen die Taxifahrer. Und oft haben sie damit Recht.

Doch manchmal hört Gott den Taxifahrern zu und schenkt ihnen Gnade. Dann kommt plötzlich mitten im Januar die Sonne heraus, die Straßen trocknen, der Himmel klart auf, draußen hat es satte zwölf Grad, und die Vögel zwitschern. Gleich versammeln sich Riesenherden von Schülern an kleinen Bahnhöfen. Sie tun so, als würden sie auf einen Zug warten, oder fahren auch tatsächlich mit der Regionalbahn ständig hin und her, wobei sie in Wirklichkeit die Schule schwänzen. (a) Die Erwachsenen lächeln ihnen zu, die meisten haben volles Verständnis dafür und würden auch liebend gerne bei dem Wetter blaumachen.

1. Welche der folgenden Aussagen entspricht nicht dem Text?
   ① Taxifahrer in Deutschland beschweren sich über das Wetter.
   ② Im Sommer regnet es zu viel.
   ③ Manche Schüler tun so, als ob sie auf einen Zug warten würden.
   ④ Die Schüler schwänzen die Schule, und die Erwachsenen machen bei der Arbeit blau.

2. Übersetzen Sie (a) ins Koreanische.

Seltsames 2

Gleich nach Weihnachten pilgern viele Deutsche in die Geschäfte, um

unwillkommene Präsente umzutauschen. Für die Japanerin Emiko ein Ding der Unmöglichkeit. "In Japan würde es niemand wagen, ein Geschenk umzutauschen oder gar bei eBay anzubieten", erklärt die Bürokauffrau. "Japaner sind grundsätzlich dankbar und höflich, auch wenn der Gast bereits den dritten Wasserkocher mitbringt." **Verblüfft** war sie deshalb auch über die hier **gängigen** Wunschlisten, die vor Hochzeiten in den Geschäften parat liegen. "Die Listen sind zwar sehr praktisch, aber ich finde sie ungewöhnlich." [...]

Emiko stammt aus Yokohama, lebt seit 1992 in Deutschland und ist seit knapp vier Jahren mit einem Türken verheiratet, den sie in Düsseldorf kennengelernt hat. Türkische Männer seien ihren japanischen **Geschlechtsgenossen** in vielem sehr ähnlich, versichert die Wahlbremerin. "Beide Länder haben eine Männerwelt."

In Deutschland sei das ganz anders. Vor Jahren habe sie einmal ein junger Mann zum Essen nach Hause eingeladen. "Der hat gekocht, abgewaschen, und er konnte sogar Obst schälen", **schwärmt** Emiko. "Das können die Männer bei uns nicht, die lassen sich von den Frauen sogar die Aschenbecher und Getränke bringen." [...]

In Japan sei das Arbeitsleben allerdings noch viel härter als in Deutschland. "Die Deutschen haben so viel Freizeit", freut sich die Wahl-**Teutonin**. "Es geht hier so ruhig zu, man kann abends in die Kneipe oder ins Kino gehen - hier genießt man das Leben." Auch Fahrten mit der Straßenbahn seien hierzulande "das reine Paradies" - ohne Probleme und **Gewühl** sei jedes Ziel erreichbar. [...]

Die Deutschen hätten im Vergleich ein recht geruhsames Leben und lange Urlaub. An **ausgedehnte** Ferien sei in Japan gar nicht zu denken. Anfänger bekommen jährlich sieben Tage Jahresurlaub, später etwa zwölf - allerdings nicht am Stück. "Wegen dieser irrsinnigen Arbeitszeiten wachsen die meisten Kinder nahezu ohne ihre Väter auf." Karriere-Frauen seien in Japan eher **rar gesät**. "Die meisten Frauen bleiben zu Hause und müssen auf Bildung verzichten." Ganz anders in Deutschland: "Hier gibt es **Krabbelgruppen**, Tagesmütter und Weiterbildung zu **erschwinglichen** Preisen."

Nicht zuletzt wegen dieser Annehmlichkeiten hat sich Emiko für das Leben in Deutschland entschieden. Und was vermisst sie? Vor allem **Seetang** mit Sojasoße und Trockenfisch, aber auch das tägliche Bad. "Jeder geht bei uns jeden Tag in die **Wanne**." Vor dem Bad dusche man ausgiebig und nutze dann das Wasser der anderen Familienmitglieder. Es werde immer wieder erhitzt. Die Japanerin seufzend: "Hier in Deutschland habe ich nicht einmal eine Badewanne."

(Nach Imke Molkewehrum: *Typisch Deutsch*, Bremen 2007, S. 49ff.)

Lernvokabeln

• Bilden Sie mit jeder unterstrichenen Vokabel zwei Sätze.

Verstehen und Schreiben

• Finden Sie passende Überschriften zu den einzelnen Abschnitten.

• Schreiben Sie eine Zusammenfassung und benutzen Sie dabei die von Ihnen gefundenen Überschriften.

Fragen zum Text

1. Warum besuchen viele Deutsche nach Weihnachten die Geschäfte?
2. Wie gehen Japaner mit ihren Geschenken um?
3. Was findet Emiko ungewöhnlich?

4. Aus welcher Stadt in ihrer Heimat kommt Emiko?

5. Wie vergleicht sie türkische Männer mit Japanern?

6. Was ist der Unterschied zwischen japanischen und deutschen Männern?

7. Wie viel Urlaub bekommt man in Japan?

8. Was vermisst Emiko in Deutschland?

9. Sind folgende Aussagen richtig (R) oder falsch (F)?

   1) Emiko ist seit 1992 mit einem Deutschen verheiratet. ☐

   2) Japaner haben nicht so viel Freizeit wie Deutsche. ☐

   3) Japanische Väter verbringen viel Zeit mit ihren Kindern. ☐

   4) Viele japanische Frauen haben einen Uni-Abschluss und sind berufstätig. ☐

   5) In Japan wird jeden Tag gebadet. ☐

Aufgabe

1. Was würden Sie vermissen, wenn Sie lange Zeit außerhalb Ihres Heimatlandes leben würden?

2. Was machen Sie, wenn Sie ein Geschenk doppelt erhalten?

Übungen

I. Lesen Sie den folgenden Text und beantworten Sie die Fragen dazu.

Gleich nach Weihnachten pilgern viele Deutsche in die Geschäfte, (a) um unwillkommene Präsente umzutauschen. Für die Japanerin Emiko ein Ding der Unmöglichkeit. "(b) In Japan wagt es niemand, ein Geschenk umzutauschen oder gar bei eBay anzubieten", erklärt die Bürokauffrau. "Japaner sind grundsätzlich dankbar und höflich, auch wenn der Gast bereits den dritten Wasserkocher mitbringt." Verblüfft war sie deshalb auch über die hier (c) gängigen Wunschlisten, die vor Hochzeiten in den Geschäften parat liegen. (d) "Die Listen sind zwar sehr praktisch, aber ich finde sie ungewöhnlich."

1. Schreiben Sie den Satzteil (a) um und beginnen Sie wie folgt:

   Damit ______________________________

2. Wandeln Sie den unterstrichenen Satzteil (b) in Konjunktiv II um.

   ____

3. Welches Wort passt nicht als Synonym zu (c)? ______

   ① besonderen

   ② gebräuchlichen

   ③ normalen

   ④ üblichen

4. Wandeln Sie den Satz (d) in indirekte Rede um.

   ____

5. Welche der folgenden Aussagen entspricht nicht dem Text?
① Emiko ist Bürokauffrau von Beruf.
② Japaner tauschen ein Geschenk um, wenn sie es für unnötig halten.
③ Japaner behalten ein Geschenk, auch wenn sie es gar nicht brauchen.
④ In Deutschland bereitet man nicht selten Wunschlisten für die Geschäfte vor, bevor man heiratet.

II. Lesen Sie den folgenden Text und beantworten Sie die Fragen dazu.

In Japan sei das Arbeitsleben allerdings noch viel härter als in Deutschland. "Die Deutschen haben so viel Freizeit", freut sich die Wahl-Teutonin. "Es geht hier so ruhig zu, man kann abends in die Kneipe oder ins Kino gehen - hier genießt man das Leben." Auch Fahrten mit der Straßenbahn seien hierzulande 'das reine Paradies' - ohne Probleme und Gewühl sei jedes Ziel erreichbar.

(a) Die Deutschen hätten im Vergleich ein recht geruhsames Leben und lange Urlaub. (b) ______ ausgedehnte Ferien sei in Japan gar nicht zu denken. Anfänger bekommen jährlich sieben Tage Jahresurlaub, später etwa zwölf - allerdings nicht (c) am Stück. "Wegen dieser irrsinnigen Arbeitszeiten wachsen die meisten Kinder nahezu ohne ihre Väter auf." Karriere-Frauen seien in Japan eher rar gesät. "Die meisten Frauen bleiben zu Hause und müssen auf Bildung verzichten." Ganz anders in Deutschland: "Hier gibt es Krabbelgruppen, Tagesmütter und Weiterbildung zu (d) erschwinglichen Preisen."

6. Wandeln Sie den Satz (a) in direkte Rede um.

7. Welche Präposition passt zu (b)?

8. Übersetzen Sie (c) am Stück ins Koreanische.

9. Was ist nicht synonym zu (d) erschwinglich?

① preiswert

② günstig

③ bezahlbar

④ schwungvoll

10. Welche der folgenden Aussagen entspricht nicht dem Text?

① Die Japaner haben weniger Urlaub als die Deutschen.

② Die meisten Japanerinnen verzichten nach der Heirat auf ihre Karriere.

③ Die meisten deutschen Väter haben keine Zeit, mit ihren Kindern zu spielen.

④ In Deutschland werden kleine Kinder nicht unbedingt durch ihre eigenen Mütter betreut.

Grammatik

• Formen Sie folgende Sätze in direkte Rede um.

1. Klaus sagt, dass er nach Berlin fahre.
2. Sie erzählt, der Test sei schon am Freitag.
3. Er teilte mir mit, er wolle sich morgen ein neues Auto kaufen.
4. Sie schrie mich an, dass sie mich nicht mehr sehen wolle.
5. Ihr wurde erklärt, dass sie nicht in den Operationssaal gehen dürfe.
6. Sie erzählten uns, dass sie im Unterricht gerade ein Buch von Goethe läsen.
7. Ihre Mutter hat behauptet, dass sie gestern schon nach Köln gefahren sei.
8. Er hat erzählt, dass er eigentlich nur schnell ein paar Zigaretten habe holen wollen.
9. Er berichtete, dass er sich bei seiner Nachbarin beschwert habe.
10. Claudia sagte mir, dass sie gestern früher zur Uni habe gehen sollen.

Glossar

- **ausdehnen** – erweitern, vergrößern, verlängern
- **blaumachen** – (ugs.) während eines bestimmten Zeitraumes ohne einen Grund nicht zur Arbeit gehen
- **entrichten, etw. e.** – eine bestimmte Summe Geld zahlen
- **erschwinglich** – (adj.) hier: günstig; bezahlbar
- **gängig sein** – üblich sein, gebräuchlich sein
- **ganz zu schweigen von etw.** – davon braucht man nicht zu reden, das ist selbstverständlich.
- **Gewühl, das** – dichtes Durcheinander (Menschen-, Verkehrs-)
- **Geschlechtsgenosse, der** – Individuum gleichen Geschlechts
- **Krabbelgruppe, die** – 1. Kleinkind-Gruppen, die von Kindern und Eltern gemeinsam besucht werden. 2. Einrichtungen der Kindertagesbetreuung mit Kindern im Alter von ein bis drei Jahren, die von Erzieherinnen geleitet werden.
- **rar gesät sein** – selten sein
- **schwärmen** – für jemanden oder etwas begeistert sein
- **Seetang, der** – das Seegras, im Meeresschlamm der Küsten wurzelnde Pflanze mit langen, grasartigen Blättern
- **Teutone, der; Teutonin, die** – Angehörige/r eines germanischen Volksstammes, der von Jütland aus durch Frankreich nach Süden zog. Hier ironisch: (typisch) Deutsche/r
- **verblüfft sein** – erstaunt sein, sprachlos sein
- **Wanne, die** – hier: kurz für: die Badewanne
- **Die Vögel zwitschern** - Die Vögel singen. Der Vogel zwitschert (etwas). Die Lerche zwitscherte ihr Lied.

Lesekurs Deutsch

Gasthaus Jägerstube

4

Technologie

Lesekurs Deutsch

4. Technologie

Die Vierte Industrielle Revolution

Ob Roboter, selbstfahrende Autos oder 3D-Drucker: Technische Innovationen werden die Industrie revolutionieren, meint der Chef des Weltwirtschaftsforums, Klaus Schwab. Für die Menschheit ändert sich alles.

Wir stehen am Rande einer technischen Revolution, die unsere Art zu leben, zu arbeiten und miteinander umzugehen grundlegend verändern wird. In ihrem Ausmaß, ihrer Reichweite und ihrer **Komplexität** wird es sich bei dieser Transformation um eine noch nie erlebte Erfahrung handeln. Wir wissen noch nicht, wie sie sich genau entfalten wird, aber eines ist klar: die Antwort darauf ist **allumfassend** und **konzertiert**, alle **Stakeholder** des globalen Gemeinwesens, vom öffentlichen über den privaten Sektor bis hin zur akademischen Welt und der Zivilgesellschaft, sind einbezogen.

Die Erste Industrielle Revolution nutzte Wasser und Dampfkraft, um die Produktion zu mechanisieren. Bei der Zweiten war es die Elektrizität, welche die Massenproduktion ermöglichte. Die Dritte machte sich Elektronik und die Informationstechnologie zunutze, um die Produktion

Klaus Schwab

Der Chef des Weltwirtschaftsforums bei der Vorstellung des wichtigsten Gipfel-Themas: "Die Vierte Industrielle Revolution meistern". *(Foto: ap)*

zu automatisieren. Nun baut die Vierte Industrielle Revolution auf der Dritten, der digitalen Revolution, die in der Mitte des vergangenen Jahrhunderts begann, auf. Ihr Merkmal ist die Vernetzung bzw. Verschmelzung von Technologien, das heißt, die Grenzen zwischen der physikalischen, der digitalen und der biologischen **Sphäre** verschwimmen.

Es gibt drei Gründe, warum es sich bei der heutigen Transformation nicht nur um eine Verlängerung der Dritten Industriellen Revolution handelt, sondern sich eher eine vierte, anders geartete abzeichnet: Schnelligkeit, Reichweite und systemische Wirkung. Die Schnelligkeit, mit der derzeit **Durchbrüche** erzielt werden, wurde noch nie erreicht. Im Vergleich zu vorherigen industriellen Revolutionen entwickelt sich die Vierte **exponentiell** und nicht im **linearen** Tempo. Sie wirbelt fast jeden Industriezweig in allen Ländern durcheinander. Und die Breite sowie die Tiefe dieser Veränderungen kündigen die Erschaffung ganz neuer Systeme an, was Produktion, Management und **Governance** einbezieht.

Die Möglichkeiten von Milliarden von Menschen, die über Mobilgeräte mit einer noch nie da gewesenen Verarbeitungs- und Speicherkapazität miteinander verbunden sind, sind nahezu unbegrenzt, ebenso wie der Zugang zu Wissen. Und diese Möglichkeiten werden **potenziert** durch sich abzeichnende technische Durchbrüche in Bereichen wie künstliche Intelligenz, Robotik, das Internet der Dinge, autonome Fahrzeuge, 3D-Druck, Nano- und Biotechnologie, Materialwissenschaften, Energiespeicherung und **Quantencomputing**.

Wir sind jetzt schon von künstlicher Intelligenz umgeben – von selbstfahrenden Autos und Drohnen, die sich selbst lenken, über virtuelle Assistenten bis hin zu Apps, die übersetzen oder investieren können. Die sogenannte AI (Artificial Intelligence) hat in den zurückliegenden Jahren beeindruckende Fortschritte gemacht, unterstützt von dem exponentiellen Wachstum der Computerkapazitäten und der Verfügbarkeit von riesigen Datenmengen. Software ermöglicht mittlerweile die Entdeckung von neuen Medikamenten und sagt unsere kulturellen Interessen voraus.

Digitale Produktionstechnologien **interagieren** mittlerweile täglich mit der biologischen Welt. Ingenieure, Designer und Architekten experimentieren mit computerbasiertem Design, **Additive Manufacturing**, Werkstofftechnologie und synthetischer Biologie, um eine **Symbiose** zwischen Mikroorganismen, unseren Körpern, den Produkten, die wir konsumieren, und selbst den Gebäuden, in denen wir wohnen, zu erzielen.

Wie die vorhergehenden Revolutionen birgt auch die Vierte Industrielle Revolution die Chance, dass sich das Einkommen und der Lebensstandard in der gesamten Welt verbessern. **Bis dato** sind es diejenigen Verbraucher, die es sich leisten können, an der digital vernetzten Welt teilzuhaben, die am meisten profitieren. Dank der Technologie verfügen wir über neue Produkte und Dienstleistungen, welche unser Leben sowohl effizienter als auch angenehmer machen. Ein Taxi ordern, einen Flug buchen, ein Produkt kaufen, eine Zahlung tätigen, ein Konzert ansehen, einen Film streamen oder ein Spiel spielen – all das können wir nun online tun.

(Nach Klaus Schwab: *"Handelsblatt", 21.01.2016)*

Lernvokabeln

• Bilden Sie mit jeder unterstrichenen Vokabel zwei Sätze.

Verstehen und Schreiben

• Finden Sie passende Überschriften zu jedem Abschnitt.

• Schreiben Sie eine Zusammenfassung und benutzen Sie dabei die von Ihnen erstellten Überschriften.

Fragen zum Text

1. Was wird sich durch die derzeitige Revolution verändern?
2. Wodurch zeichnet sich die Erste / Zweite / Dritte / Vierte Industrielle Revolution aus?
3. Welche Gründe gibt es, von einer Vierten Industriellen Revolution zu sprechen?
4. Wodurch entstehen unbegrenzte Möglichkeiten für Milliarden von Menschen?
5. Wodurch wird künstliche Intelligenz unterstützt?
6. Was wird mittlerweile durch Apps unter anderem ermöglicht?
7. Wer experimentiert mit computerbasiertem Design und warum?
8. Welche Chancen bietet die Vierte Industrielle Revolution und für wen?
9. Was verdanken wir der modernen Technologie?

Aufgabe

• In welchen Bereichen haben Sie persönlich bereits Erfahrungen mit der Vierten Industriellen Revolution gemacht?

• Wo wird künstliche Intelligenz bereits angewendet?

Übungen

I. Lesen Sie den folgenden Text und beantworten Sie die Fragen dazu.

Ob Roboter, (a) (selbstfahren) Autos oder 3D-Drucker: Technische Innovationen werden die Industrie revolutionieren, meint der Chef des Weltwirtschaftsforums, Klaus Schwab. Für die Menschheit ändert sich alles.

Wir stehen am Rande einer technischen Revolution, die unsere Art zu leben, zu arbeiten und miteinander umzugehen grundlegend verändern wird. In ihrem Ausmaß, ihrer Reichweite und ihrer Komplexität wird es sich (b) ________ dieser Transformation um eine noch nie (c) (erleben) Erfahrung handeln. Wir wissen noch nicht, wie sie sich genau entfalten wird, aber eines ist klar: die Antwort darauf ist allumfassend und konzertiert, alle Stakeholder des globalen Gemeinwesens, vom öffentlichen über den privaten Sektor bis hin zur akademischen Welt und der Zivilgesellschaft, sind (d) einbezogen.

Die Erste Industrielle Revolution nutzte Wasser und Dampfkraft, um die Produktion zu mechanisieren. Bei der Zweiten war es die Elektrizität, welche die Massenproduktion ermöglichte. (e) Die Dritte machte sich Elektronik und die Informationstechnologie ________, um die Produktion zu automatisieren. Nun baut die Vierte Industrielle Revolution auf der Dritten, der digitalen Revolution, die in der Mitte des vergangenen Jahrhunderts begann, auf. Ihr Merkmal ist die Vernetzung bzw. Verschmelzung von Technologien, das heißt, die Grenzen zwischen der physikalischen, der digitalen und der biologischen Sphäre verschwimmen.

1. Welche der folgenden Aussagen entspricht dem Text? ______

   ① Die Vierte Industrielle Revolution entwickelt sich ohne Zusammenhang mit anderen Industriellen Revolutionen.

   ② Die Vierte Industrielle Revolution verläuft unabhängig von der digitalen Revolution.

   ③ Die Vierte Industrielle Revolution trägt überwiegend zur Stärkung der Produktion bei.

   ④ Die Vierte Industrielle Revolution umfasst verschiedene Sphären.

2. Schreiben Sie die richtigen Verbformen von (a) und (c)!

   (a) ______________ Autos

   (c) ______________ Erfahrung

3. Setzen Sie die richtige Präposition in die Lücke (b) ein! ______

① an	② von
③ bei	④ mit

4. Welches Wort ist <u>nicht</u> synonym zum unterstrichenen Wort (d)? ______

① eingezogen	② eingeschlossen
③ einbegriffen	④ inklusiv

5. Setzen Sie das passende Wort in die Lücke ein, damit die beiden Sätze die gleiche Bedeutung haben.

   <u>Die Dritte wendete Elektronik und die Informationstechnologie an.</u>

   → (e) Die Dritte machte sich Elektronik und die Informationstechnologie ________.

II. Lesen Sie den folgenden Text und beantworten Sie die Fragen dazu.

Es gibt drei Gründe, warum es sich bei der heutigen Transformation nicht nur um eine Verlängerung der Dritten Industriellen Revolution handelt, (a) ______ sich eher eine vierte, anders geartete abzeichnet: Schnelligkeit, Reichweite und systemische Wirkung. (b) Die Schnelligkeit, mit der derzeit Durchbrüche erzielt werden, wurde noch nie erreicht. Im Vergleich zu vorherigen industriellen Revolutionen entwickelt sich die Vierte exponentiell und nicht im linearen Tempo. Sie wirbelt fast jeden Industriezweig in allen Ländern durcheinander. Und die Breite sowie die Tiefe dieser Veränderungen kündigen die Erschaffung ganz neuer Systeme an, was Produktion, Management und Governance einbezieht.

Die Möglichkeiten von Milliarden von Menschen, die über Mobilgeräte mit einer noch nie da (c) ______ Verarbeitungs- und Speicherkapazität miteinander verbunden sind, sind nahezu unbegrenzt, ebenso wie der Zugang zu Wissen. Und diese Möglichkeiten werden potenziert durch sich abzeichnende technische Durchbrüche in Bereichen wie ①인공지능, Robotik, ②사물인터넷, ③자율주행차량, ④3D 프린트, Nano- und Biotechnologie, Materialwissenschaften, Energiespeicherung und Quantencomputing.

Wir sind jetzt schon von ①인공지능 umgeben – von selbstfahrenden Autos und Drohnen, die sich selbst lenken, über virtuelle Assistenten bis hin zu Apps, die übersetzen oder investieren können. Die sogenannte AI (Artificial Intelligence) hat (d) in den zurückliegenden Jahren beeindruckende Fortschritte gemacht, unterstützt von dem exponentiellen Wachstum der Computerkapazi-

täten und der Verfügbarkeit von riesigen Datenmengen. Software ermöglicht mittlerweile die Entdeckung von neuen Medikamenten und sagt unsere kulturellen Interessen voraus.

6. Was passt zu (a)?
   ① und
   ② sondern
   ③ aber
   ④ als

7. Wandeln Sie zwei Passivformen im unterstrichenen Satz (b) ins Aktiv um.

8. Setzen Sie die richtige Form des Verbs “sein” in die Lücke (c) ein.

9. Was gehört nicht zu den Phänomenen der Vierten Industriellen Revolution?
   ① Die Vierte Industrielle Revolution entwickelt sich in der Geschichte am schnellsten.
   ② Die Vierte Industrielle Revolution wirkt sich in fast allen Bereichen stark aus.
   ③ Die Vierte Industrielle Revolution wird durch die Digitalisierung der Industrie unterstützt und verstärkt.
   ④ Die Vierte Industrielle Revolution ist ein rein industrielles Phänomen, daher beeinflusst sie kaum unsere Kultur.

10. Was bedeutet (d)? ____

① inzwischen

② immer wieder

③ in Kürze

④ langsam

11. Schreiben Sie die folgenden Wörter ins Deutsch.

① 인공지능: ____

② 사물인터넷: ____

③ 자율주행차량: ____

④ 3D 프린트: ____

III. Lesen Sie den folgenden Text und beantworten Sie die Fragen dazu.

Digitale Produktionstechnologien interagieren mittlerweile täglich (a) ____ der biologischen Welt. Ingenieure, Designer und Architekten experimentieren (b) ____ computerbasiertem Design, Additive Manufacturing, Werkstofftechnologie und synthetischer Biologie, um eine Symbiose zwischen Mikroorganismen, unseren Körpern, den Produkten, die wir konsumieren, und selbst den Gebäuden, in denen wir wohnen, zu erzielen.

Wie die vorhergehenden Revolutionen birgt auch die Vierte Industrielle Revolution die Chance, dass sich das Einkommen und der Lebensstandard in der gesamten Welt verbessern. (c) Bis dato sind es (d) ____ Verbraucher, die es sich leisten können, an der digital vernetzten Welt teilzuhaben, die am meisten profitieren. Dank der Technologie verfügen wir (e) ____ neue Produkte und Dienstleistungen, (f) ____ unser Leben sowohl effizienter als auch angenehmer machen. Ein Taxi ordern, einen Flug buchen, ein Produkt kaufen, eine Zahlung tätigen, ein Konzert ansehen, einen Film streamen oder ein Spiel spielen – all das können wir nun online tun.

12. Welche Präposition passt sowohl zu (a) als auch zu (b)?

13. Was ist nicht synonym zu (c)?

① Bisher ② Bislang

③ Bis heute ④ Bis dann

14. Setzen Sie das richtige Pronomen in (d) ein.

① derjenige

② diejenige

③ dasjenige

④ diejenigen

15. Welche Präposition passt zu (e)?

① an

② auf

③ über

④ unter

16. Welches Relativpronomen passt zu (f)?

① der

② welche

③ das

④ welcher

17. Welche der folgenden Aussagen entspricht nicht dem Text?

① Allmählich beziehen sich digitale Technologien immer stärker auf den biologischen Bereich.

② Die Vierte Industrielle Revolution gibt Gelegenheit zum Fortschritt der Menschheit.

③ Die Vierte Industrielle Revolution ist nur für die Verbraucher vorteilhaft, die einen hohen Lebensstandard genießen können.

④ Die Entwicklung der digitalen Technologie macht das Leben der Menschen viel wirksamer und gemütlicher.

Grammatik

Ersetzen Sie das Passiv durch das Aktiv oder durch sogenannte Passiv-Ersatzformen.

1. Das Auto wird von Paul gewaschen.

2. Der Computer wurde repariert.

3. Der Termin kann verschoben werden.

4. Die neuen Rechtschreibregeln werden in Korea bereits angewendet.

5. Die alten Computer unserer Firma wurden gut verkauft.

6. Die Studenten sollen ausgebildet werden.

Glossar

- **Additive Manufacturing** – Bezeichnung für alle Verfahren zur schnellen und kostengünstigen Fertigung von Modellen, Mustern, Prototypen, Werkzeugen und Endprodukten
- **allumfassend** – alle Bereiche betreffend, allgemein, universell
- **bis dato** – bis heute, bisher
- **Durchbrüche** – der Durchbruch, hier: eine bahnbrechende Entwicklung, eine Sache wird zum Erfolg
- **exponentiell** – gemäß einer Exponentialfunktion verlaufend
- **Governance, die** – Lenkungsform, Unternehmensführung
- **interagieren** – in Verbindung stehen, sich verständigen
- **Komplexität, die** – Vielschichtigkeit, eine komplizierte Sachlage
- **konzertiert** – aufeinander abgestimmt
- **linear** – geradlinig, gleichmäßig
- **potenziert** – verstärkt, gesteigert
- **Quantencomputing, das** – Berechnung durch einen Computer, dessen Funktion die Gesetze der Quantenmechanik nutzt
- **Sphäre, die** – hier: Bereich
- **Stakeholder, der** – (auf Deutsch "Teilhaber" oder "Anspruchsberechtigter") eine Person oder eine Gruppe, die ein berechtigtes Interesse am Verlauf oder Ergebnis eines Prozesses oder Projektes hat
- **Symbiose, die** – das Zusammenleben von Lebewesen verschiedener Art zu gegenseitigem Nutzen

Lesekurs Deutsch

Gaſthaus Rheingold

5 Gesellschaft

Lesekurs Deutsch

5. Gesellschaft

Der lange Kampf um Gleichberechtigung

Vor 90 Jahren, am 12. November 1918, wurde in Deutschland das **Wahlrecht** für Frauen eingeführt. Heute sind ein Drittel aller in deutschen Parlamenten sitzenden **Abgeordneten** weiblich. Doch auch wenn Frauen die Parlamente in Bund und Ländern erobert haben, sind einige **Gemeinderäte** immer noch völlig von Männern beherrscht.

Am 30. August 1932 eröffnete Clara Zetkin als **Alterspräsidentin** den Deutschen Reichstag und erntete dafür lang anhaltenden Applaus. Diesen kurzen Augenblick hat die lange um Gerechtigkeit ringende Kommunistin wahrscheinlich genossen. Er war das sichtbare Zeichen dafür, dass der Jahrzehnte lange Kampf um das Frauenwahlrecht Erfolg hatte. Clara Zetkin war als eine der ersten Frauen von 1920 bis 1933 Abgeordnete des Deutschen Reichstages.

Ende des 19. Jahrhunderts begannen die Frauen in Deutschland, für politische **Gleichberechtigung** zu kämpfen. Doch nicht nur Politikerinnen, sondern aus allen Teilen der Bevölkerung kommende Frauen **engagierten**

sich in diesem Kampf. So gingen zum Beispiel am ersten Internationalen Frauentag im März 1911 mehr als eine Million Frauen in Deutschland auf die Straße.

Sieben Jahre später gaben das Kriegsende, die politischen Unruhen und danach die Revolutions**wirren** der Frauenstimmrechtsbewegung neuen Aufschwung. Die Frauen **fanden offene Ohren** bei den um Veränderungen in Deutschland kämpfenden Politikern und den Revolutionären. In der Erklärung der Volksbeauftragten vom 12. November 1918 hieß es: "Alle Wahlen sind fortan nach dem gleichen, geheimen, direkten, allgemeinen Wahlrecht für alle mindestens 20 Jahre alten männlichen und weiblichen Personen zu vollziehen."

Bei der Wahl zur verfassunggebenden **Nationalversammlung**, die am 19. Januar 1919 stattfand, gingen zum ersten Mal Frauen an die **Urnen**. "Die waren schon begeistert", sagt die Sozial- und Geschichtswissenschaftlerin Gisela Notz. "Die **Wahlbeteiligung** war sehr hoch mit 82,3 Prozent bei den Frauen." Auch die sich auf die angeblich unpolitische weibliche Natur berufenden konservativen Gegner der Frauenbewegung mussten anerkennen, dass sie Zeugen einer Entwicklung waren, die kaum umzukehren war.

15 Jahre lang existierte die Weimarer Republik, die erste Demokratie in Deutschland. 1933 kamen die Nationalsozialisten mit ihrem "Führer" Hitler an die Macht. Sie verboten den nach politischer Anerkennung strebenden Frauen, für politische Ämter zu **kandidieren**. Die Frauen, die in den Reichstag gewählt worden waren, verloren ihre **Mandate**. Erst nach 1945 konnten Frauen wieder an die demokratische Entwicklung

der Weimarer Republik anknüpfen. Heute sind im deutschen **Bundestag** rund 34 Prozent der Mitglieder weiblich, in den Landesparlamenten erreicht der Frauenanteil 30 Prozent.

(Nach Henriette Wrege: *https://www.dw.com/de/der-lange-kampf-um-gleichberechtigung/a-3781096*, 12.11.2008)

Lernvokabeln

- Bilden Sie mit jeder unterstrichenen Vokabel zwei Sätze.

Verstehen und Schreiben

- Finden Sie passende Überschriften zu den einzelnen Abschnitten.
- Schreiben Sie eine Zusammenfassung und benutzen Sie dabei die von Ihnen gefundenen Überschriften.

Fragen zum Text

- Sind folgende Aussagen richtig (R) oder falsch (F)?

1. Alle Gemeinderäte sind von Männern beherrscht. ☐
2. Clara Zetkin rang um Gerechtigkeit und hatte damit Erfolg. ☐
3. Beim Kampf um politische Gleichberechtigung der Frauen engagierten sich keine Politikerinnen. ☐
4. Die politischen Unruhen und Revolutionswirren von 1918/19 führten zum Stimmrecht für Frauen. ☐
5. Seit 1918 durften alle weiblichen Personen wählen. ☐
6. Die konservativen Gegner der Frauenbewegung behaupteten, dass die Natur der Frauen unpolitisch sei. ☐

7. Die Nationalsozialisten verboten Frauen, für politische Ämter zu kandidieren. ☐
8. Im Bundestag und in den Landesparlamenten liegt der Anteil der weiblichen Mitglieder bei insgesamt 30%. ☐

Aufgabe

• Schreiben Sie die einzelnen Buchstaben von "*Wahlrecht*" untereinander und finden Sie möglichst zu jedem Buchstaben ein Wort, das man mit dem Begriff verbindet. Beispiel:

W
A
H
POLITIK
URNE
E
C
H
STIMME

Übungen

I. Lesen Sie den folgenden Text und beantworten Sie die Fragen dazu.

Vor 90 Jahren, am 12. November 1918, wurde in Deutschland das Frauenwahlrecht eingeführt. Heute sind ein Drittel aller in deutschen Parlamenten sitzenden Abgeordneten weiblich. Doch auch wenn Frauen die Parlamente in Bund und Länder erobert haben, sind einige Gemeinderäte immer noch völlig von Männern beherrscht.

Am 30. August 1932 eröffnete Clara Zetkin als (a) Alterspräsidentin den Deutschen Reichstag und erntete dafür (b) lang anhaltenden Applaus. Diesen kurzen Augenblick hat die lange (c) ____ Gerechtigkeit ringende Kommunistin wahrscheinlich genossen. Er war das sichtbare Zeichen dafür, dass der Jahrzehnte lange Kampf (c) ____ das Wahlrecht für Frauen Erfolg hatte. Clara Zetkin war als eine der ersten Frauen von 1920 bis 1933 Abgeordnete des Deutschen Reichstages.

1. Welche Aussage entspricht dem Text?

   ① Als Kommunistin kämpfte Clara Zetkin um Gerechtigkeit für die Bürgerlichen und hatte Erfolg.

   ② Die Parlamente in Bund und Ländern sind immer noch von Frauen dominiert.

   ③ Clara Zetkin war die einzige weibliche Abgeordnete von 1920 bis 1933.

   ④ Clara Zetkin kämpfte um das Stimmrecht für Frauen.

2. Was meint "Alterspräsidentin" in dem Satz (a)?

   ① Clara Zetkin war die Präsidentin der alten Abgeordneten.

   ② Sie war die älteste Präsidentin in der Geschichte des Deutschen Reichstages.

   ③ Sie war die älteste Person unter den 1932 gewählten Abgeordneten und leitete deshalb die erste Sitzung.

   ④ Sie war die älteste Person unter den 1932 gewählten Abgeordneten und leitete deshalb alle Sitzungen.

3. Wandeln Sie die Partizipialstruktur (b) in einen Relativsatz um! Beginnen Sie wie folgt: (Beachten Sie das Tempus!)

   den Applaus,

4. Welche Präposition passt zu den beiden Lücken (c)?

II. Lesen Sie den folgenden Text und beantworten Sie die Fragen dazu.

Ende des 19. Jahrhunderts begannen die Frauen in Deutschland, für politische Gleichberechtigung zu kämpfen. Doch nicht nur Politikerinnen, sondern aus allen Teilen der Bevölkerung kommende Frauen (a) engagierten sich in diesem Kampf.

Sieben Jahre später gaben das Kriegsende, die politischen Unruhen und danach die Revolutionswirren der Frauenstimmrechtsbewegung neuen (b) ______. Die Frauen fanden (c) offene Ohren bei den um Veränderungen in Deutschland kämpfenden Politikern und den Revolutionären. In der Erklärung der Volksbeauftragten vom 12. November 1918 hieß es: (d) "Alle Wahlen sind fortan nach dem gleichen, geheimen, direkten, allgemeinen Wahlrecht für alle mindestens 20 Jahre alten männlichen und weiblichen Personen zu vollziehen."

5. Welche Aussage entspricht dem Text? ______

① Am Kampf um politische Gleichberechtigung beteiligten sich Politikerinnen aus allen Ländern.

② Anlässlich des ersten Internationalen Frauentags demonstrierten viele Frauen gegen den Krieg.

③ Die politischen Unruhen und die Revolutionswirren führten zum Fortschritt bei der Frauenwahlrechtsbewegung.

④ Seit 1918 konnten alle Frauen wählen.

6. Folgender Satzteil entspricht der Bedeutung von (b). Setzen Sie das richtige Verb in die Lücke.

_______ sich für diesen Kampf ein.

① setzten

② zogen

③ stellten

④ redeten

7. Welches Nomen passt zu (c)?

① Aufsehen

② Aufschub

③ Aufschwung

④ Aufschluss

8. Welches der folgenden Nomen hat die gleiche Bedeutung wie (d)?

① Verständnis

② Rat

③ Desinteresse

④ Kritik

9. Welche Aussage entspricht nicht dem Satz (e)?

① Alle mindestens 20 Jahre alten Personen haben das Recht zur gleichen und geheimen Wahl.

② Die 20 Jahre alten Männer dürfen an Wahlen teilnehmen.

③ Alle Wahlen müssen in Zukunft rechtmäßig sein.

④ Das Wahlrecht gilt für alle Schülerinnen und Schüler.

III. Lesen Sie den folgenden Text und beantworten Sie die Fragen dazu.

Sie verboten den nach politischer Anerkennung strebenden Frauen, für politische Ämter zu kandidieren. (a) Dic Frauen, die in den Reichstag gewählt worden waren, verloren ihre Mandate. Erst nach 1945 konnten Frauen wieder an die demokratische Entwicklung der Weimarer Republik (b) anknüpfen. Heute sind im deutschen Bundestag rund 34 Prozent der Mitglieder weiblich, in den Landesparlamenten erreicht der Frauenanteil 30 Prozent.

10. Wandeln Sie den Relativsatz (a) in eine Partizipialstruktur um.

11. Was ist synonym für das Wort (b)?

① anerkennen

② anhalten

③ annehmen

④ anschließen

12. Was entspricht dem Text?

① Während der Weimarer Republik wurde die politische Aktivität der Frauen unterdrückt.

② Das von den Nazis unterdrückte politische Leben von Frauen konnte nach dem Zweiten Weltkrieg liberalisiert werden.

③ Heute sind der Deutsche Bundestag und die Landesparlamente sehr unterschiedlich mit Frauen besetzt.

④ Erst nach dem Zweiten Weltkrieg strebten die Frauen nach politischen Ämtern.

Grammatik

- In den folgenden Sätzen finden Sie Partizipialstrukturen und Relativsätze. Wandeln Sie die unterstrichenen Relativsätze in Partizipialstrukturen bzw. die unterstrichenen Partizipialstrukturen in Relativsätze um.

1. Heute sind ein Drittel aller in deutschen Parlamenten sitzenden Abgeordneten weiblich.

2. Diesen kurzen Augenblick hat die lange um Gerechtigkeit ringende Kommunistin wahrscheinlich genossen.

3. Doch nicht nur Politikerinnen, sondern aus allen Teilen der Bevölkerung kommende Frauen engagierten sich in diesem Kampf.

4. Die Frauen fanden offene Ohren bei den um Veränderungen in Deutschland kämpfenden Politikern und den Revolutionären.

5. Sie verboten den nach politischer Anerkennung strebenden Frauen, für politische Ämter zu kandidieren.

6. Die Frauen, die in den Reichstag gewählt worden waren, verloren ihre Mandate.

7. Die Benachteiligung von Frauen ist ein Phänomen, das schon lange existiert.

Glossar

- **Abgeordnete, die/der** – das gewählte Mitglied eines Parlaments
- **Alterspräsident/in, der / die** – der oder die älteste gewählte Abgeordnete. Er/Sie leitet die erste Sitzung eines neuen Parlaments, bis der / die Parlamentspräsident/in gewählt ist
- **Bundestag, der** – das deutsche Parlament
- **engagieren, sich für etw./jn.** – hier: sich einsetzen, aktiv teilnehmen
- **Gemeinderäte (Pl.)** – Parlamente von Städten oder Dörfern
- **Gleichberechtigung, die** – gleiche Rechte für alle Menschen
- **kandidieren** – sich als Kandidat bewerben
- **Mandat, das** – der Auftrag, jemanden politisch oder juristisch zu vertreten
- **Nationalversammlung, die** – hier: das erste Parlament der Weimarer Republik
- **offene Ohren finden** – Verständnis finden; von anderen angehört werden
- **Urne, die** – hier: der Kasten, in dem die Stimmzettel der Wähler/innen gesammelt werden
- **Wahlbeteiligung, die** – der Anteil aller Wahlberechtigten, die zu einer Wahl gehen
- **Wahlrecht, das** – a) das Recht, an Wahlen teilzunehmen b) das Gesetz, das die Durchführung von Wahlen regelt
- **Wirren (Pl.)** – unruhige Zeiten, Unruhen, Kämpfe

6 Film

Lesekurs Deutsch

6. Film

Jenseits der Stille

"Ein Film, der die Stille zu Musik werden lässt und seine Stärke in der Balance zwischen Lachen und Weinen, Freude und Schmerz findet."

(Dirk Jasper: *Film Lexikon*)

Regie: Caroline Link

Drehbuch: Caroline Link und Beth Serlin

Kamera: Gernot Roll

Schnitt: Patricia Rommel

Musik: Niki Reiser

Darsteller/innen: Sylvie Testud (Lara), Tatjana Trieb (Lara als Kind), Howie Seago (Martin), Emmanuelle Laborit (Kai), Sybille Canonica (Clarissa), Matthias Habich (Gregor), Alexandra Bolz (Marie), Hansa Czypionka (Tom), Doris Schade (Lilli), Horst Sachtleben (Robert)

Länge: 109 Minuten

Deutschland 1996

....

Ich öffnete die Tür der Werkstatt. Was für eine wunderschöne Nacht! Der Mond stand rund und zufrieden am schwarz-blauen Himmel, eine große, gelbe Kugel. Der Schnee fiel in dicken Flocken zur Erde, die wie bestäubt mit **Puderzucker** aussah. Mein Vater spürte, dass ich etwas auf dem Herzen hatte. Plötzlich stand er neben mir, er lächelte.

"Hast du dir schon diese schöne Nacht betrachtet? Du musst dir die Dinge anschauen. Sie verändern sich schnell."

Ich lehnte mich an seine Schulter. Die Bewegungen seiner Hände waren leicht und schwungvoll, er sah mich mit leuchtenden Augen an. Ich spürte in diesem Augenblick besonders stark, wie sehr ich ihn liebhatte. Er fiel nie mit der Tür ins Haus, sondern spürte meinen **Kummer** auf seine sensible Weise - und war dann einfach da. Seine Nähe tat mir gut, und ich wollte ihm auf gar keinen Fall wehtun.

"In ein paar Tagen ist Frühlingsanfang. Der Schnee wird verschwinden."

Er hatte Recht, ich nickte. Jahr um Jahr **verstrich**, ich war schon achtzehn Jahre lang auf dieser Welt, und viele Dinge erschienen mir **selbstverständlich**.

"Siehst du die Nacht? Siehst du den Schnee?"

Seine Hände beschrieben einen Halbkreis.

"Wie klingt der Schnee? Was sagt er dir?"

Unser altes Spiel. **Geräuscheraten**. Ich kam seiner Aufforderung nach.

"Er sagt, knirsch, knirsch und brr, brr ...."

Mein Vater sah mich ratlos an.

"Was ist das? 'Knirsch' und 'brr'? Was sind das für komische Wörter? Die kenne ich nicht. Sagt das der Schnee wirklich?"

Ich musste lachen.

"Also ehrlich gesagt, sagt der Schnee nicht viel. Man sagt sogar, dass der Schnee alle Geräusche **verschluckt**. Wenn der Schnee liegt, ist alles viel leiser."

"Ist das wirklich wahr? Der Schnee macht die Welt leise?"

Er bekam ein nachdenkliches Gesicht und **kraulte** sich seinen Bart. "Das ist schön."

Ich sah ihn lächeln und wollte seine gute Laune nutzen.

"Clarissa war heute in der Schule."

Der Blick meines Vaters verdunkelte sich augenblicklich.

"Ich wusste nicht, dass sie hier ist", er wandte sich von mir ab.

Ich folgte ihm und suchte seine Aufmerksamkeit.

"Sie hat bald Geburtstag. Großvater will uns alle zum Essen einladen." Mein Vater zeigte ein abweisendes Gesicht und wandte sich wieder dem Fernseher zu. Diesmal aber wollte ich ihn nicht entkommen lassen. Ich schob mich zwischen ihn und seine Arbeit und sah ihn mit weitaufgerissenen Augen an.

"Bitte komm mit, Papa. Mir zuliebe."

Sein Blick suchte den fallenden Schnee. Er wiegte seinen Kopf behutsam von rechts nach links, und als ich sein vertrautes Brummen **vernahm**, drückte ich seine Hand ganz fest.

Ich hatte gewonnen. Er würde mitkommen. Die ganze Familie würde **beisammen sein**. Die Einladung nach Berlin verschwieg ich an diesem Abend. Ich konnte ihm unmöglich noch mehr Verständnis **abverlangen**.

(Aus *Jenseits der Stille* von Arno Meyer zu Küingdorf nach dem Drehbuch von Caroline Link, Berlin 1997, S. 64f.)

Lernvokabeln

• Bilden Sie mit jeder unterstrichenen Vokabel zwei Sätze!

Verstehen und Schreiben

• Finden Sie eine passende Überschrift zum Text!

Fragen zum Text

1. Welche Sätze im Dialog gehören Lara?
2. In welchem Raum sind die beiden Personen?
3. Wie ist das Wetter?
4. Welche Tageszeit ist es?
5. Warum findet das Gespräch zwischen Lara und ihrem Vater überhaupt statt?
6. Zu welchem Anlass will der Großvater die Familie zum Essen einladen?
7. Was verschweigt Lara bewusst und warum?
8. Was bedeutet der Satz: "*Er fiel nie mit der Tür ins Haus.*"?
9. Was bedeutet der Satz: "*Ich hatte gewonnen.*"?

Aufgabe

- Welche Onomatopoetika kennen Sie im Deutschen und Koreanischen?

Übungen

I. Lesen Sie den folgenden Text und beantworten Sie die Fragen dazu.

Ich öffnete die Tür der Werkstatt. Was für (a) wunderschöne Nacht! Der Mond stand rund und zufrieden am schwarz-blauen Himmel, eine große, gelbe Kugel. Der Schnee fiel in dicken (b) zur Erde, die wie bestäubt mit Puderzucker aussah. Mein Vater spürte, (c) dass ich etwas auf dem Herzen hatte. Plötzlich stand er neben mir, er lächelte.

"Hast du dir schon diese schöne Nacht betrachtet? Du musst dir die Dinge anschauen. Sie verändern sich schnell."

Ich lehnte mich an seine Schulter. Die Bewegungen seiner Hände waren leicht und schwungvoll, er sah mich mit leuchtenden Augen an. Ich spürte in diesem Augenblick besonders stark, wie sehr ich ihn liebhatte. (d) Er fiel nie mit der Tür ins Haus, sondern spürte meinen Kummer (e) auf, sensibel, sein, Weise - und war dann einfach da. Seine Nähe tat mir gut, und ich wollte ihm auf gar keinen (f) wehtun.

1. Welcher Artikel passt in die Lücke (a)?

2. Welches der folgenden Wörter passt in die Lücke (b)?

   ① Mengen

   ② Flüssen

   ③ Stücken

   ④ Flocken

3. Welches der folgenden Wörter passt im Text für (c)?

   ① Nähe

   ② Kummer

   ③ Bewegungen

   ④ Augenblick

4. Was entspricht dem Satz (d)?

   ① Er sprach unangenehme Themen nicht direkt an.

   ② Er kam nicht so schnell hinein.

   ③ Er hatte es nicht eilig.

   ④ Er war ratlos.

5. Setzen Sie die Wörter (e) mit richtigen Endungen in eine richtige Reihenfolge.

6. Welches der folgenden Wörter passt in die Lücke (f)?

   ① Weise

   ② Ding

   ③ Fall

   ④ Mal

7. In welchem Raum sind die beiden Personen?

   ① in der Schule

   ② in der Werkstatt

   ③ in der Fabrik

   ④ in der Kirche

8. Wie ist das Wetter?

① Es ist heiter.

② Es regnet.

③ Es schneit.

④ Es ist neblig.

9. Welche Tageszeit ist es?

① Es ist Morgen.

② Es ist Mittag.

③ Es ist Abend.

④ Es ist Nacht.

10. Welcher der folgenden Sätze entspricht dem Text?

① Auf einmal fiel so viel Schnee, dass ich Lust hatte, nach draußen zu gehen und einen Schneemann zu bauen.

② Der Halbmond stand am Abendhimmel und er sah so aus wie ein zufrieden lächelndes Gesicht.

③ Der Vater und seine Tochter unterhalten sich miteinander in Gebärdensprache.

④ Der Vater ist zwar lieb, aber ab und zu tut er seiner Tochter weh.

II. Lesen Sie den folgenden Text und beantworten Sie die Fragen dazu.

Ich sah ihn lächeln und wollte seine gute (a) ______ nutzen.

"Clarissa war heute in der Schule."

(b) Der Blick meines Vaters verdunkelte sich augenblicklich.

"Ich wusste nicht, dass sie hier ist", er wandte sich von mir ab.

Ich folgte ihm und suchte seine Aufmerksamkeit.

"Sie hat bald Geburtstag. Großvater will uns alle zum Essen einladen."

Mein Vater zeigte ein abweisendes Gesicht und wandte sich wieder dem Fernseher zu. Diesmal aber wollte ich ihn nicht entkommen lassen. Ich schob mich zwischen ihn und seine Arbeit und sah ihn mit weitaufgerissenen Augen an.

"Bitte komm mit, Papa. Mir zuliebe."

Sein Blick suchte den fallenden Schnee. Er wiegte seinen Kopf behutsam von rechts nach links, und als ich sein vertrautes Brummen vernahm, drückte ich seine Hand ganz fest. Ich hatte gewonnen. Er würde mitkommen. (c) Die ganze Familie würde beisammen sein. Die Einladung nach Berlin verschwieg ich an diesem Abend. Ich konnte ihm unmöglich noch mehr Verständnis abverlangen.

11. Welches der folgenden Wörter passt in die Lücke (a)? ______

① Fähigkeit

② Laune

③ Methode

④ Freude

12. Welche der folgenden Sätze hat dieselbe Bedeutung wie der unterstrichene Satz (b)?

① Er war verärgert.

② Er war lustig.

③ Er war beschäftigt.

④ Er war betrunken.

13. Welcher der folgenden Sätze entspricht der Bedeutung von (c)?

① Die ganze Familie würde sich versammeln.

② Die ganze Familie würde sich freuen.

③ Die ganze Familie würde sich kennenlernen.

④ Die ganze Familie würde sich verstehen.

14. Was entspricht dem Text?

① Der Vater versteht sich gut mit Clarissa.

② Der Vater hatte schon wieder die Tochter überredet.

③ Der Vater hatte sich über die Einladung zur Geburtstagsfeier gefreut.

④ Von der Einladung nach Berlin konnte die Tochter nicht einmal reden.

15. Warum verschwieg die Tochter die Einladung nach Berlin?

① Weil der Vater schon den ganzen Tag schlechte Laune hatte.

② Weil der Vater schon einer schwierigen Bitte nachkam.

③ Weil sie keine Zeit mehr hatte, danach zu fragen.

④ Weil sie selber nicht von der Einladung überzeugt war.

Verstehen und Schreiben

1. Charakterisieren Sie folgende Haupt- und Nebenfiguren des Films:

Lara (klein)

Lara (groß)

Martin

Kai

Clarissa

Tom

2. Detaillierte Inhaltsanalyse

- Welche Stellung hat Lara in der Familie? Welche Vorteile und Nachteile ergeben sich für sie daraus?
- Was bedeutet die Klarinette für Lara, was für ihren Vater?
- Wie finden Sie Laras Entscheidung, die Eltern zu verlassen und nach Berlin zu ziehen?
- Wie würden Sie die Beziehung zwischen Tom und Lara charakterisieren? Was bedeutet er für sie?

Interview mit Caroline Link

• Lesen Sie das Interview und beantworten Sie die unten angeführten Fragen.

Reporter: Wann kam Ihnen die Idee zu *Jenseits der Stille*?

Caroline Link: 1993, bei einem Amerikaaufenthalt, fiel mir ein Zeitungsartikel in die Hände, in dem die Autorin von ihrer Kindheit mit ihren gehörlosen Eltern erzählte. Sie war die Einzige in ihrer Familie, die sprechen und hören konnte und musste deshalb schon mit fünf Jahren in den absurdesten Situationen für ihre Eltern übersetzen. Ich habe mir dann Literatur zu diesem Thema besorgt, habe Theaterstücke besucht, die in *American Sign Language* aufgeführt wurden, und war an einer Universität, an der man von Medizin bis Kunstgeschichte alles in Gebärdensprache studieren kann. Ich habe viele gehörlose Menschen getroffen, die mir eine Menge über ihre Kultur, Sprache und Lebensweise **beigebracht** haben.

Reporter: Wollten Sie mit diesem Film auf ein Problem **hinweisen**?

Caroline Link: Ich wurde ein paar Mal von Kollegen darauf angesprochen, was mein "Behindertendrama" mache. Ich will alltägliche Geschichten erzählen und habe das Thema als Möglichkeit gesehen, einige meiner Filmideen zu verbinden: Ich wollte eine Liebesgeschichte erzählen, einen Film machen über das Erwachsenwerden, darüber, wie schwer es ist, seinen eigenen Weg zuerst zu finden und ihn dann auch zu gehen.

Reporter: Es war schwierig, das Drehbuch zu finanzieren. Warum?

Caroline Link: Ja, von allen Seiten bekam ich zu hören: "Dreh doch lieber etwas 'Leichtes'. Das Publikum will Komödien." Sicher, dass das

Publikum Komödien liebt, ist nicht zu übersehen. Aber genauso schauen sich diese Leute *Dead Man Walking* oder *Leaving Las Vegas* an. Der einzige Unterschied ist: Diese Filme kommen aus Amerika. Ich denke, es kommt immer darauf an, wie man eine Geschichte erzählt. Natürlich geht es um Probleme, aber das heißt doch nicht, dass man daraus keinen **spannenden** Kinofilm machen kann.

Reporter: Warum ein Happy End?

Caroline Link: Ich hänge am Happy End. Warum sollen Leute Geld dafür bezahlen, um hinterher deprimiert aus dem Kino zu kommen?

Fragen zum Interview

1. Wie ist Caroline Link auf die Idee für diesen Film gekommen?
2. Wie hat sie sich über die Situation von Gehörlosen informiert?
3. Was für einen Film wollte Caroline Link machen?
4. Warum war es schwierig, den Film zu finanzieren?
5. Was sagt Caroline Link zum Happy End? Wie finden Sie das?

Grammatik

- Finden Sie alle Adjektivattribute im Interview und bilden Sie damit je einen Beispielsatz.

(Bearbeitet nach *Arbeitsmaterialien für den Unterricht* vom Goethe-Institut Mailand, *http://filmrucksack.supsi.ch*)

Glossar

- **abverlangen** – etw. von jmdm. verlangen; jmdm. etw. abfordern (jmdm. die Papiere zur Kontrolle abverlangen; sie hatte ihm die Schlüssel abverlangt)
- **beibringen** – jmdm. etw. beibringen; jmdn. etw. lehren (jmdm. das Lesen, Schwimmen, Tanzen beibringen)
- **beisammen sein** – zusammen sein, beieinander sein, sich entspannt mit anderen Leuten treffen
- **Geräuscheraten, das** – durch Raten das richtige Geräusch herausfinden
- **hinweisen auf etwas / jmdn.** – hier: in eine bestimmte Richtung auf etw. / jmdn. zeigen, deuten (z.B.: Mit ausgestrecktem Arm wies er auf das Haus, den Polizisten oder zum Fluss hin)
- **kraulen** – etw. / jmdn. mit den Fingerspitzen sanft kratzen; weich und liebkosend streicheln (z.B.: jmdm. das Kinn kraulen; den Hund hinter den Ohren kraulen)
- **Kummer, der** – trauriger, niedergedrückter Gemütszustand, seelischer Schmerz
- **Puderzucker, der** – der Staubzucker
- **spannend** - große Spannung weckend, interessant sein (z.B.: ein spannender Kriminalfilm; die Geschichte war sehr spannend)
- **vernehmen** – etw. / jmdn. hören (ein Geräusch, Rufe, Stimmen vernehmen; ich habe deine Worte vernommen)
- **verschlucken** – Nahrung durch Schlucken in sich aufnehmen, in den Magen gelangen lassen. Hier: (im übertragenen Sinne) etw. / jmd. verschluckt etw. / jmdn. (z.B.: Der Lärm verschluckte seine Worte = machte sie unhörbar, unverständlich; die dicken Teppiche verschlucken jedes Geräusch).
- **verstreichen** – hier: die Zeit verstreicht; die Zeit vergeht

7 Wissenschaft

Lesekurs Deutsch

7. Wissenschaft

Was ist Freundschaft?

Freundschaft gehört zu den wichtigsten Bedürfnissen der Menschen. Sie ermöglicht nicht nur das Zusammenleben, sondern macht es schön und wertvoll zugleich. Das Thema Freundschaft ist sowohl in der öffentlichen Diskussion als auch in der wissenschaftlichen Forschung sehr wichtig geworden. Es ist zu beobachten, dass in unserer heutigen Zeit viel über die verschiedenen Modelle menschlicher Beziehungen nachgedacht wird. Dies hat seinen Grund: Während familiäre und verwandtschaftliche Beziehungen immer mehr an Bedeutung verlieren, wird gleichzeitig immer deutlicher, dass Freundschaft für unsere moderne, komplexe und flexible Gesellschaft die zentrale und angemessene Form sozialer Beziehungen ist.

Was also ist Freundschaft? Es existieren viele verschiedene Definitionen dazu, aber im Allgemeinen kann man sagen, dass Freundschaft eine persönliche Beziehung ist, die auf Zuneigung, Freiwilligkeit und Gegenseitigkeit beruht und für eine unbestimmte Zeit eingegangen wird. Freundschaft wird nicht von Gesetzen oder Regeln bestimmt, und es gibt unterschiedliche Freundschaftstypen je nach Alter, sozialem Stand und Geschlecht.

Bei einer Umfrage zur Bedeutung von Alter und Lebenssituation für Freundschaften erhielt man folgende Antwort: Die meisten Freunde haben junge Menschen im Alter zwischen 18 und 29 Jahren. Je älter Menschen sind, desto weniger Freunde haben sie, und es wird schwieriger für sie, neue und besonders enge Freunde zu finden. Deshalb halten vor allem ältere Menschen Verbindung zu Freunden aus früheren Zeiten. Auch der **Familienstatus** hat einen großen Einfluss auf Freundschaften. Denn Verheiratete, besonders mit Kindern, haben weniger Freunde als Singles. Und Singles haben auch mehr enge Freunde als Verheiratete, weil sie ihre Freunde öfter sehen und mehr mit ihnen gemeinsam unternehmen.

Was die Rolle der Geschlechter bei Freundschaften betrifft, so ist gefragt worden, ob es einen Unterschied bei Freundschaften zwischen Frauen und Männern gibt. In wissenschaftlichen Untersuchungen konnten dabei folgende Unterschiede festgestellt werden: Männerfreundschaften werden eher als zweckorientiert beschrieben, d.h. Männer treffen sich mit ihren Freunden, um mit ihnen gemeinsam etwas zu unternehmen, z.B. um Fußball zu spielen oder Autos zu reparieren. Dies hängt offenbar mit allgemeinen männlichen Eigenschaften zusammen wie dem Streben nach Unabhängigkeit, Sachlichkeit und **Rationalität**. Außerdem sieht man die Konkurrenzsituation, in der sich Männer befinden, mitverantwortlich für die weniger persönliche und dadurch stärker distanzierte Art der Freundschaft. Frauenfreundschaften dagegen werden als **affektiv** und sozial charakterisiert. Auch dies hängt offenbar wiederum zusammen mit typischen weiblichen Eigenschaften wie **Empathie**, Emotio-

nalität und Beziehungsfähigkeit. Denn man konnte beobachten, dass genau diese weiblichen Eigenschaften vorteilhaft für enge Freundschaften sind.

Bei Freundschaften zwischen Männern und Frauen fällt auf, dass viele Männer offener über persönliche Dinge reden, wenn sie mit Frauen zusammen sind. Im Gegensatz dazu reden Frauen mit Männern weniger über persönliche Dinge. Aber sowohl Frauen als auch Männer behaupten, dass sie sich in Freundschaften mit Frauen weniger einsam fühlen als in Freundschaften mit Männern. Und beide – Frauen wie Männer – **gestehen** den Frauen bessere freundschaftliche Fähigkeiten **zu** als den Männern.

(Nach Klaus-Dieter Eichler: *Philosophie der Freundschaft*, Leipzig 1999)

Lernvokabeln

- Bilden Sie mit jeder unterstrichenen Vokabel zwei Sätze.

Verstehen und Schreiben

- Finden Sie passende Überschriften zu den einzelnen Abschnitten.
- Schreiben Sie eine Zusammenfassung und benutzen Sie dabei die von Ihnen gefundenen Überschriften.

Fragen zum Text

1. In welchen Bereichen wird das Thema “Freundschaft” immer wichtiger und warum?
2. Wodurch wird “Freundschaft” nicht bestimmt?
3. Was wird über die Bedeutung des Alters in Bezug auf “Freundschaft” ausgesagt?
4. Spielt der Familienstatus für “Freundschaft” ebenfalls eine Rolle?

Aufgabe

Beantworten Sie folgende Fragen schriftlich!

1. Warum ist das Thema Freundschaft in unserer Zeit wichtig geworden? Nennen Sie die beiden genannten Gründe.

a)

b)

2. Wie wird Freundschaft allgemein definiert und charakterisiert? Antworten Sie so kurz wie möglich anhand des Textes.

3. Was sagt der Text über Männerfreundschaften, Frauenfreundschaften und Freundschaften zwischen Frauen und Männern? Geben Sie die wesentlichen Aspekte dazu in einem zusammenhängenden Text wieder.

Übungen

I. Lesen Sie den folgenden Text und beantworten Sie die Fragen dazu.

(a) Im Allgemeinen sagt man, dass Freundschaft eine persönliche Beziehung ist, die (b) ____ Zuneigung, Freiwilligkeit und Gegenseitigkeit beruht und für eine unbestimmte Zeit eingegangen wird. Es gibt unterschiedliche Freundschaftstypen (c) ____ ____ Alter, sozialem Stand und Geschlecht. Je älter Menschen sind, desto weniger Freunde haben sie, und es wird schwieriger für sie, neue und besonders enge Freunde zu finden. Deshalb halten vor allem ältere Menschen Verbindung zu Freunden aus früheren Zeiten. Auch der Familienstatus hat einen großen Einfluss (d) ____ Freundschaften.

1. Schreiben Sie den Satzteil (a) wie folgt um und benutzen Sie dazu das passende Modalverb.

   Im Allgemeinen ____ Freundschaft eine persönliche Beziehung ____

2. Setzen Sie die richtigen Wörter in (c) ein. ____

3. Setzen Sie die richtige Präposition in (b) und (d) ein. ____

   ① in

   ② zu

   ③ auf

   ④ nach

4. Was entspricht dem Text?

① Einseitiges Interesse ermöglicht eine Freundschaft.

② Eine Freundschaft kann manchmal erzwungen werden.

③ Eine Freundschaft muss in die Öffentlichkeit gebracht werden.

④ Es fällt den Jüngeren leichter als den Älteren, enge Freundschaften zu schließen.

II. Lesen Sie den folgenden Text und beantworten Sie die Fragen dazu.

Was die Rolle der Geschlechter bei Freundschaften (a) _____, so ist gefragt worden, ob es einen Unterschied bei Freundschaften zwischen Frauen und Männern gibt. Männerfreundschaften werden eher als zweckorientiert beschrieben. Dies hängt offenbar mit allgemeinen männlichen Eigenschaften zusammen wie dem Streben nach Unabhängigkeit, Sachlichkeit und Rationalität. Außerdem sieht man die Konkurrenzsituation, in der sich Männer befinden, mitverantwortlich für die weniger persönliche und dadurch stärker distanzierte Art der Freundschaft. Frauenfreundschaften dagegen werden als affektiv und sozial charakterisiert. Auch dies hängt offenbar wiederum zusammen mit typischen weiblichen Eigenschaften wie Empathie, Emotionalität und Beziehungsfähigkeit. (b) Sowohl Frauen als auch Männer behaupten, dass sie sich in Freundschaften mit Frauen weniger einsam fühlen als in Freundschaften mit Männern. Und beide – Frauen wie Männer – gestehen den Frauen bessere freundschaftliche Fähigkeiten zu als den Männern.

5. Welches Wort passt zu (a)?

① behandelt

② behält

③ betrifft

④ befindet

6. Welche Einstellung zum Verhältnis der Geschlechter hat der Verfasser des Textes?

① Frauen und Männer sind von Geburt an sehr unterschiedlich.

② Weibliche wie männliche Eigenschaften sind eher durch die Kultur, die Gesellschaft u. ä. bestimmt.

③ Beide Geschlechter haben keine angeborenen Charakteristiken.

④ Geschlechtliche Eigenschaften sind nicht eindeutig festgestellt.

7. Was entspricht den Sätzen (b) nicht?

① Frauen fühlen sich in Freundschaften mit Männern einsamer als in Freundschaften mit Frauen.

② Männer gestehen Frauen bessere freundschaftliche Fähigkeiten zu als sich selbst.

③ Männer sind in Freundschaften mit Männern weniger einsam als in Freundschaften mit Frauen.

④ Frauen meinen, dass sie bessere freundschaftliche Fähigkeiten haben als Männer.

8. Was entspricht dem Text?

① Für enge Freundschaften darf nicht die Rolle der Geschlechter in Betracht gezogen werden.

② Die distanzierte Art von Frauen ist vorteilhaft für enge Freundschaften.

③ Für das Entstehen von Freundschaft müssen weibliche Eigenschaften vorausgesetzt werden.

④ Sowohl Männer als auch Frauen werden offener, wenn sie sich mit Frauen unterhalten.

9. Finden Sie im Text das Wort, das "die Fähigkeit zu fühlen, was andere fühlen" bedeutet.

III. Lesen Sie den folgenden Text und beantworten Sie die Fragen dazu.

Freundschaft gehört zu den wichtigsten Bedürfnissen der Menschen. Sie ermöglicht nicht nur das Zusammenleben, sondern macht es schön und wertvoll zugleich. Das Thema Freundschaft ist (a) ______ in der öffentlichen Diskussion als auch in der wissenschaftlichen Forschung sehr wichtig geworden. (b) Es ist zu beobachten, dass in unserer heutigen Zeit viel über die verschiedenen Modelle menschlicher Beziehungen nachgedacht wird. Dies hat seinen Grund: Während familiäre und verwandtschaftliche Beziehungen immer mehr an Bedeutung verlieren, wird gleichzeitig immer deutlicher, dass Freundschaft für unsere moderne, komplexe und flexible Gesellschaft die zentrale und (c) angemessene Form sozialer Beziehungen ist.

10. Setzen Sie das richtige Wort in (a) ein. ______

① nicht nur

② entweder

③ nichts als

④ sowohl

11. Schreiben Sie den Satz (b) durch die Ergänzung eines passenden Modalverbs um.

Man ______ beobachten, dass in unserer heutigen Zeit viel über die verschiedenen Modelle menschlicher Beziehungen nachgedacht wird.

12. Was meint hier das Wort (c) angemessen?

① passend

② häufig

③ wichtig

④ aktuell

IV. Lesen Sie den folgenden Text und beantworten Sie die Fragen dazu.

Was also ist Freundschaft? Es existieren viele verschiedene Definitionen dazu, aber (a) im Allgemeinen kann man sagen, dass Freundschaft eine persönliche Beziehung ist, die auf Zuneigung, Freiwilligkeit und Gegenseitigkeit beruht und für eine unbestimmte Zeit eingegangen wird. Freundschaft wird nicht von Gesetzen oder Regeln bestimmt, und es gibt unterschiedliche Freundschaftstypen je nach Alter, sozialem Stand und Geschlecht.

Bei einer Umfrage zur Bedeutung von Alter und Lebenssituation für Freundschaften erhielt man folgende Antwort: Die meisten Freunde haben junge Menschen im Alter zwischen 18 und 29 Jahren. Je älter Menschen sind, desto weniger Freunde haben sie, und es wird schwieriger für sie, neue und besonders enge Freunde (b) zu finden. Deshalb (c) halten vor allem ältere Menschen Verbindung zu Freunden aus früheren Zeiten. Auch der Familienstatus hat einen großen Einfluss auf Freundschaften. Denn Verheiratete, besonders mit Kindern, haben weniger Freunde als Singles. Und Singles haben auch mehr enge Freunde als Verheiratete, weil sie ihre Freunde öfter sehen und mehr mit ihnen gemeinsam unternehmen.

13. Was entspricht nicht dem Text?

① Freundschaft kann nicht verallgemeinernd definiert werden.

② Die jungen Menschen haben mehr Freunde als die älteren Menschen.

③ Alter und Lebenssituation haben einen großen Einfluss auf Freundschaften.

④ Verheiratete haben weniger enge Freunde als Singles.

14. Finden Sie für das unterstrichene Modalverb (a) Ausdrücke und Wörter mit gleicher oder ähnlicher Bedeutung.

Im Allgemeinen ______ ______ sagen, dass Freundschaft eine persönliche Beziehung ist.

15. Welcher zu-Infinitiv-Satzteil hat dieselbe grammatische Funktion wie (b)?

① Gisela freut sich darauf, zu ihrer Familie nach Hause zu fliegen.

② Ich stelle den Wecker, um morgen früh aufzustehen.

③ Es macht Peter Spaß, oft nach Frankfurt zu fahren.

④ Sie schien nicht zu merken, dass sie beobachtet wurde.

16. In welchem Satz hat das Verb 'halten' die gleiche Bedeutung wie (c)?

① Würden Sie bitte einen Augenblick meinen Schirm halten?

② Der Schnellzug hält nicht an der Station.

③ Bis jetzt hält der Mann Frieden mit der Frau.

④ Ich habe dich immer für meinen Freund gehalten.

Grammatik

A: *Übungen zu Modalverben:*

- Setzen Sie die richtigen Modalverben in die Lücken folgender Sätze:

1. Sabine ist krank. Sie ______ zum Arzt.
2. Heute Abend ______ Peter ins Kino gehen.
3. Korea hat kein Erdöl. Es ______ viel importieren.
4. In der U-Bahn ______ man nicht rauchen.
5. Ich ______ gern eine Flasche Bier, bitte.
6. Sabine geht in ein Kaufhaus. Sie ______ eine Bluse kaufen.
7. Von Seoul ______ man nicht nach Pyeongyang fliegen.
8. Es ist schon spät. Ich ______ jetzt gehen.
9. In der Zeitung steht: Es ______ regnen.
10. In einer Bank ______ Sie keine Briefmarken kaufen.
11. Das ist zu schwer, das ______ ich nicht.
12. Ich ______ auch nach Taegu fahren. ______ wir zusammen fahren?
13. Deine Mutter hat gesagt, dass du fleißig studieren ______.
14. Wo ______ wir uns treffen?
15. Man ______ hier nicht parken. Das ist verboten!

B: *Übungen zu Modalverben-Konstruktionen*

- Ersetzen Sie in den folgenden Sätzen die unterstrichenen Teile durch Konstruktionen mit Modalverben oder finden Sie für die unterstrichenen Modalverben Ausdrücke und Wörter mit gleicher oder ähnlicher Bedeutung.

1. *Es ist zu beobachten, dass in unserer heutigen Zeit viel über die verschiedenen Modelle menschlicher Beziehungen nachgedacht wird.*
2. *Es ließen sich an dieser Stelle viele Definitionen aufzählen, aber im Allgemeinen kann gesagt werden, dass Freundschaft eine persönliche Beziehung ist, die auf Zuneigung, Freiwilligkeit und Ge-*

genseitigkeit beruht.

3. *Bei einer Umfrage zur Bedeutung von Alter und Lebenssituation für Freundschaften lieβ sich folgende Antwort finden:*
4. *In wissenschaftlichen Untersuchungen konnten dabei folgende Unterschiede festgestellt werden: Männerfreundschaften werden eher als zweckorientiert beschrieben [...].*
5. *Denn man konnte beobachten, dass genau diese weiblichen Eigenschaften vorteilhaft für enge Freundschaften sind.*

Glossar

- **affektiv** – emotional
- **Empathie, die** – die Fähigkeit zu fühlen, was andere fühlen; mitfühlen
- **Familienstatus, der** – Familienstand, persönliches Verhältnis in bezug auf einen Ehepartner, d. h. ledig, verheiratet, geschieden oder verwitwet
- **Rationalität, die** – die Vernunft, Orientierung am Verstand und nicht an den Gefühlen
- **zugestehen** – jm. etwas erlauben, dass jmd. etwas bekommt oder tun darf

8 Wirtschaft

Lesekurs Deutsch

8. Wirtschaft

Mikrokredite ***boomen*** *in Europa: Frankreich ist* ***Vorreiter***

Wer dringend Geld benötigt und bei normalen Banken keins bekommt, kann sich bei der Stadt Paris zwischen 300 und 3.000 Euro leihen. Das mit vier Prozent **verzinste Darlehen** muss innerhalb von drei Jahren zurückgezahlt werden. Bei pünktlicher Rückzahlung der Schulden bekommt man die Hälfte der **Zinsen** zurück. "Es gibt nicht viele Kredite zu zwei Prozent", sagte der Pariser Bürgermeister stolz.

Haste mal nen Mikrokredit?

Das Programm richtet sich zum einen an Arbeitslose, die sich zum Beispiel einen Führerschein oder eine Weiterbildung finanzieren wollen, um ihre Aussichten auf einen Job zu verbessern. Die **Mikrokredite** von Paris wenden sich aber auch an Privatpersonen, die nicht auf Arbeitssuche sind. Wer durch einen Todesfall in der Familie etwa 1.000 Euro Beerdigungskosten tragen müsse und von der Bank dafür kein Geld geliehen bekomme, der könne sich bei der Stadt melden, bestätigt Bernard Candiard, zuständiger Projektmanager im Pariser

Rathaus. Andere brauchen Geld wegen einer Scheidung, wegen eines Autounfalls, wegen einer Krankheit. Auch Kleinstunternehmer gehören zur Zielgruppe.

Vor allem aufgrund der Schnelligkeit hätten Kleinkredite Erfolg, berichtet Marco Habschick von Evers & Jung, einem Hamburger Forschungsinstitut, das die deutsche Bundesregierung und Banken berät. Ein normales Kreditinstitut stellt eine langwierige **Bonität**sprüfung an den Anfang und vergibt Darlehen - meist ab 20.000 Euro aufwärts.

Bei Mikrokrediten müsse man keine Kreditwürdigkeit vorweisen, so Habschick. Kurzfristig werden geringe Summen gewährt, und relativ rasch werden diese Schulden meist wieder **beglichen**. Alles bleibt überschaubar und kontrollierbar. Schwierige Antragsverfahren dauern für viele Einzelpersonen und Kleinstunternehmer zu lange. Zur Überbrückung kleinerer finanzieller Engpässe sei ein Mikrokredit die ideale Lösung.

"Das System der Mikrokredite **stellt** das Bankensystem **auf den Kopf**", sagt Habschick. Traditionell gilt als **kreditwürdig**, wer Sicherheiten hat. Bankkunden seien aber oft falsch eingeschätzt worden. "Ungeachtet ihrer beschränkten finanziellen Mittel sind Arme gute Schuldner", sagt Habschick und verweist auf die Erfahrungen, die seit 1983 in Bangladesch gesammelt wurden. Aber nicht nur in Bangladesch, Indien, in vielen afrikanischen und südamerikanischen Ländern funktioniert das **solidarische** Geldverleihen an die Ärmsten der Armen. Auch in Europa ist das System erfolgreich.

(Nach Vera Möller-Holtkamp: *https://www.dw.com/de/mikrokredite-boomen-in-europa-frankreich-ist-vorreiter/a-3708116*, 17.10.2008)

Lernvokabeln

- Bilden Sie mit jeder unterstrichenen Vokabel zwei Sätze.

Verstehen und Schreiben

- Finden Sie passende Überschriften zu den einzelnen Abschnitten.
- Ergänzen Sie folgende Zusammenfassung:

Wer dringend ________ braucht und von normalen ________ abgelehnt wird, kann sich bei der Stadt Paris zwischen 300 und 3.000 Euro ________. Der Kredit muss innerhalb von drei Jahren ________ werden, die Zinsen ________ vier Prozent. Und wer pünktlich seine Schulden begleicht, bekommt sogar ________ seiner Zinsen zurück.

Die Mikrokredite sind vor allem für ________ gedacht, die zum Beispiel einen Führerschein machen wollen, um ihre Jobaussichten zu ________.

Fragen zum Text

1. Welchen Geldbetrag kann man sich leihen?
2. An welche Gruppen richtet sich das Programm?
3. Warum haben Kleinkredite Erfolg?
4. Was unterscheidet die Mikrokredite von normalen Bankkrediten?

Aufgabe

- Sind Mikrokredite auch in Korea sinnvoll? Begründen Sie Ihre Meinung.

Zusatzinformation

Muhammad Yunus, der Erfinder von Mikrokrediten, gründete 1983 die Grameen Bank in Bangladesch und wurde dafür 2006 mit dem Friedensnobelpreis geehrt. 25 Jahre nach der Gründung gibt es diese Bank in mehr als der Hälfte der Dörfer Bangladeschs und zählt 2,1 Millionen Kreditnehmer. 94 Prozent sind Frauen.

Übungen

I. Lesen Sie den folgenden Text und beantworten Sie die Fragen dazu.

Das Programm richtet sich zum einen (a) ____ Arbeitslose, die sich zum Beispiel einen Führerschein oder eine Weiterbildung finanzieren wollen, um ihre Aussichten auf einen Job zu verbessern. Die Mikrokredite von Paris wenden sich aber auch (a) ____ Privatpersonen, die nicht auf Arbeitssuche sind. Wer durch einen Todesfall in der Familie etwa 1.000 Euro Beerdigungskosten tragen müsse und von der Bank dafür kein Geld (b) ____ bekomme, der könne sich bei der Stadt melden, bestätigt Bernard Candiard. Andere brauchen Geld wegen einer Scheidung, wegen eines Autounfalls, wegen einer Krankheit. Auch Kleinstunternehmer gehören zur Zielgruppe.

1. Was wird hier angesprochen?

① Die Zielgruppe der Mikrokredite

② Der Erfinder der Mikrokredite

③ Die normalen Banken

④ Die Nachteile der Mikrokredite

2. Schreiben Sie für (a) die richtige Präposition.

3. Welche Verbform passt zu (b)?

① leihen

② lieh

③ geliehen

④ zu leihen

II. Lesen Sie den folgenden Text und beantworten Sie die Fragen dazu.

(a) Wenn man einen Mikrokredit aufnimmt, müsse man keine Kreditwürdigkeit vorweisen, so Habschick. Kurzfristig werden geringe Summen gewählt, und relativ rasch werden diese Schulden meist wieder (b) beglichen. Alles bleibt überschaubar und kontrollierbar. Schwierige Antragsverfahren dauern für viele Einzelpersonen und Kleinstunternehmer zu lange. (c) ein Mikrokredit, Überbrückung, Lösung, finanzielle Engpässe, sein (Verb), die, kleiner, ideal.

"Das System der Mikrokredite stellt das Bankensystem auf den Kopf", sagt Habschick. Traditionell gilt als kreditwürdig, wer Sicherheiten hat. (d) Bankkunden seien aber oft falsch eingeschätzt worden. "Ungeachtet ihrer beschränkten finanziellen Mittel sind Arme gute Schuldner", sagt Habschick.

4. Wandeln Sie den unterstrichenen Satzteil (a) in eine Nominalstruktur um!

5. Schreiben Sie für (b) ein anderes Verb.

6. Schreiben Sie die Wortreihenfolge (c) in einen richtigen Satz, der folgenden Inhalt haben soll: "작은 재정적 어려움을 극복하는 데에는 소액대출이 이상적인 해결책이라고 한다."

Zur

7. Ersetzen Sie (d) durch eine Formulierung im Aktiv.

8. Welcher Satz entspricht dem Text?

① 소액대출은 빈곤층을 위한 것이기 때문에 아무런 조건이 없다.

② 소액대출은 적은 돈을 대출받고 아무 때나 상환할 수 있기 때문에 특히 빈곤층에게 유리하다.

③ 소액대출제도는 지금까지의 은행체제를 뒤엎고 있다.

④ 빈곤층은 재정적 자원이 부족해서 빚을 지지만 선량한 사람들이다.

9. Welche der folgenden unterstrichenen Satzteile entspricht nicht seiner Erklärung?

① Mikrokredite boomen in Europa. - sind sehr erfolgreich.

② Frankreich ist in Sachen Mikrokredite Vorreiter. - jemand, der etwas als Erster macht.

③ Die Europäische Kommission hat eine Initiative ins Leben gerufen. - wieder funktionsfähig und lebendig gemacht.

④ Nach einer Bonitätsprüfung vergibt ein Kreditinstitut Darlehen. - die Fähigkeit, geliehenes Geld wieder zurückzuzahlen.

10. Welcher der folgenden Sätze ist grammatisch nicht korrekt?

① Es gibt nicht viele Kredite zu zwei Prozent.

② Aufgrund der Schnelligkeit hätten Kleinkredite Erfolg, berichtet Habschick.

③ Im Jahr 2007 wurde in Europa eine durchschnittliche Rückzahlungsquote von 89 Prozent erreicht.

④ Die Menschen, die Hilfe beantragen, schaffen aus eigener Kraft, ihre Situation verbessern.

11. Welcher der folgenden Sätze ist grammatisch nicht korrekt?

① Viele Kommunen haben Angst vor einem System, das man über einen längeren Zeitraum betreuen muss.

② Er verweist auf die Erfahrungen, die er bisher sammeln konnte.

③ Für solche Zahlen können normale Banken nur träumen.

④ Sie betonen immer wieder das motivierende Moment, das ein Mikrokredit mit sich bringt.

Grammatik

• A. In den folgenden Sätzen finden Sie einige Nominalstrukturen, die mit Präpositionen eingeleitet werden. Lösen Sie diese Nominalstrukturen auf und ersetzen Sie diese durch Verbalstrukturen.

1. *Bei pünktlicher Rückzahlung der Schulden bekommt man die Hälfte der Zinsen zurück.*
2. *Vor allem aufgrund der Schnelligkeit hätten Kleinkredite Erfolg, berichtet Marco Habschick von Evers & Jung, einem Hamburger Forschungsinstitut, das die deutsche Bundesregierung und Banken berät.*
3. *Zur Überbrückung kleinerer finanzieller Engpässe sei ein Mikrokredit die ideale Lösung.*
4. *Durch die Vergabe von Mikrokrediten wird auch Armut bekämpft.*

• B. Finden Sie Nominalstrukturen für die folgenden unterstrichenen Nebensätze.

1. *Das aufgenommene Geld dient etwa dazu, sich einen Führerschein oder eine Weiterbildung zu finanzieren.*
2. *Falls man sich scheiden lässt, kann man sich bei der Stadt melden.*
3. *Wenn man einen Mikrokredit aufnimmt, muss man keine Kreditwürdigkeit vorweisen.*
4. *Indem man die Armen in einem Land unterstützt, wird die ganze Gesellschaft gestärkt.*

Glossar

- **etw. auf den Kopf stellen** – die obere Seite von etw. nach unten drehen; alles durcheinander bringen; alles ins Gegenteil verwandeln
- **begleichen** – hier: Geld zurückzahlen
- **Bonität, die** – die Zahlungsfähigkeit; die Fähigkeit, geliehenes Geld wieder zurückzuzahlen
- **boomen** – sehr erfolgreich sein
- **Darlehen, das** – der Kredit, geliehenes Geld
- **kreditwürdig sein** – so vertrauenswürdig sein, dass man geliehenes Geld wahrscheinlich zuverlässig zurückzahlen kann
- **Mikrokredit, der** – eine kleinere Geldsumme, die man sich für niedrige Zinsen leihen kann
- **solidarisch** – drückt aus, dass die Beteiligten sich gegenseitig helfen.
- **verzinsen** – Zinsen für etwas zahlen
- **Vorreiter, der** – jemand, der etwas als Erster macht
- **Zinsen (Pl.)** hier: das Geld, das man bezahlen muss, wenn man sich zum Beispiel bei der Bank Geld leiht

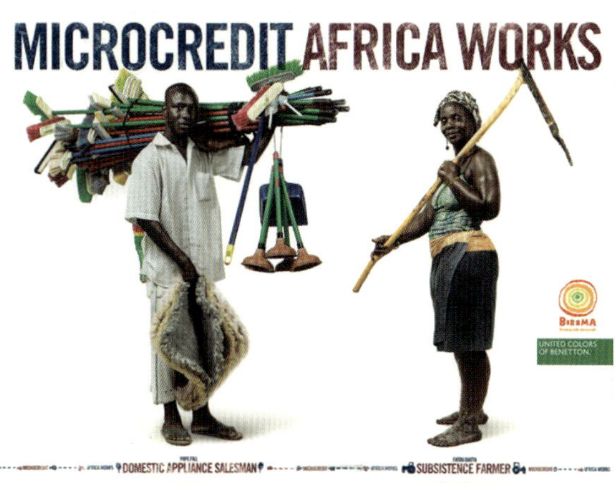

9
Anekdote

Lesekurs Deutsch

9. Anekdote

Der kluge Richter

Ein reicher Mann hatte eine **beträchtliche** Geldsumme, welche in ein Tuch eingenäht war, aus Unvorsichtigkeit verloren. Er machte daher seinen Verlust bekannt und bot, wie man zu tun pflegt, dem ehrlichen Finder eine Belohnung – und zwar von hundert Talern.

Da kam bald ein guter und ehrlicher Mann dahergegangen. “Dein Geld habe ich gefunden. Dies wird’s wohl sein! So nimm dein Eigentum zurück.” So sprach er mit dem heiteren Blick eines ehrlichen Mannes und eines guten Gewissens – und das war schön. Der andere machte auch ein fröhliches Gesicht, aber nur, weil er sein verloren geschätztes Geld wieder hatte. Denn **wie es um seine Ehrlichkeit aussah**, das wird sich bald zeigen.

Er zählte das Geld und dachte unterdessen geschwind nach, wie er den treuen Finder **um** seine versprochene Belohnung **bringen** könnte. “Guter Freund”, sprach er hierauf, “es waren eigentlich 800 Taler in dem Tuch eingenäht. Ich finde aber nur noch 700 Taler. Ihr werdet also wohl eine **Naht** aufgetrennt und Eure 100 Taler Belohnung schon herausgenommen haben. **Da habt Ihr wohl daran getan**. Ich danke Euch."

Das war nicht schön. Aber wir sind auch noch nicht am Ende. **Ehrlich währt am längsten und Unrecht schlägt seinen eigenen Herrn**. Der ehrliche Finder, dem es weniger um die 100 Taler, als um seine **unbescholtene Rechtschaffenheit** zu tun war, versicherte, dass er das Päcklein so gefunden habe. Am Ende kamen sie vor den Richter. Beide bestanden auch hier noch auf ihrer Behauptung: der eine, dass 800 Taler seien eingenäht gewesen, der andere, dass er von dem Gefundenen nichts genommen und das Päcklein nicht **versehrt** habe. Da **war guter Rat teuer**.

Aber der kluge Richter, der die Ehrlichkeit des einen und die **schlechte Gesinnung** des andern **im Voraus** zu kennen schien, griff die Sache so an: Er ließ sich von beiden über das, was sie aussagten, eine feste und **feierliche Versicherung** geben – und tat hierauf folgenden Ausspruch: "Demnach, und wenn der eine von euch 800 Taler verloren, der andere aber nur ein Päcklein von 700 Taler gefunden hat, so kann das Geld des Letzteren nicht das nämliche sein, auf welches der Erstere ein Recht hat. Du, ehrlicher Freund, nimmst also das Geld, welches du gefunden hast, wieder zurück und behältst es in guter **Verwahrung**, bis der kommt, welcher nur 700 Taler verloren hat. Und dir da weiß ich keinen Rat, als du geduldest dich, bis derjenige sich meldet, der deine 800 Taler findet." So sprach der Richter – und **dabei blieb es**.

(Aus *Die Kalendergeschichten* von Johann Peter Hebel, 1803-1811)

Lernvokabeln

- Bilden Sie mit jeder unterstrichenen Vokabel zwei Sätze.

Verstehen und Schreiben

- Finden Sie für jeden Abschnitt eine passende Überschrift.
- Schreiben Sie eine Zusammenfassung und benutzen Sie dabei die von Ihnen gefundenen Überschriften.

Fragen zum Text

1. Auf welche Weise hatte der reiche Mann sein Geld versteckt?
2. Wieso hatte der reiche Mann sein Geld verloren?
3. Beschreiben Sie den Charakter des Finders!
4. Wie viel Geld hatte der Reiche verloren und der Finder gefunden?
5. Erklären Sie anhand der Anekdote den Ausdruck "*jemanden um etwas bringen*"!
6. Welche Aussagen machten der Reiche und der Finder vor Gericht?
7. Was war der Grund für die Entscheidung des Richters?

Übungen

I. Lesen Sie den folgenden Text und beantworten Sie die Fragen dazu.

Ein reicher Mann hatte eine (a) beträchtliche Geldsumme, welche in ein Tuch eingenäht war, aus Unvorsichtigkeit verloren. Er machte daher seinen Verlust bekannt und bot, wie man zu tun pflegt, dem ehrlichen Finder eine Belohnung - und zwar von hundert Talern.

Da kam bald ein guter und ehrlicher Mann dahergegangen. "Dein Geld habe ich gefunden. Dies wird's wohl sein! So nimm dein Eigentum zurück." So sprach er mit dem heiteren Blick eines ehrlichen Mannes und eines guten Gewissens - und das war schön. Der andere machte auch ein fröhliches Gesicht, aber nur, weil er sein verloren geschätztes Geld wieder hatte. Denn wie es um seine Ehrlichkeit aussah, das wird sich bald zeigen.

Er zählte das Geld und dachte unterdessen geschwind nach, wie er den treuen Finder (b) ______ seine versprochene Belohnung bringen könnte. "Guter Freund", sprach er hierauf, "es waren eigentlich 800 Taler in dem Tuch eingenäht. Ich finde aber nur noch 700 Taler. Ihr werdet also wohl eine Naht aufgetrennt und Eure 100 Taler Belohnung schon herausgenommen haben. Da habt Ihr wohl daran getan. Ich danke Euch."

Das war nicht schön. Aber wir sind auch noch nicht am Ende. (c) Ehrlich währt am längsten und Unrecht schlägt seinen eigenen Herrn. Der ehrliche Finder, dem es weniger um die 100 Taler, als um seine unbescholtene Rechtschaffenheit zu tun war, versicherte, dass er das Päcklein so gefunden habe. Am Ende kamen sie vor (d) ______ Richter.

1. Welcher Ausdruck entspricht nicht der Bedeutung von (a)?

① angelegte

② ziemlich große

③ ansehnliche

④ beachtliche

2. Welche Präposition passt zu (b)?

3. Übersetzen Sie das Sprichwort (c) ins Koreanische.

4. Setzen Sie den richtigen Artikel in (d) ein.

5. Wie viel Geld war in Wahrheit in das Tuch eingenäht?

① 100 Taler

② 600 Taler

③ 700 Taler

④ 800 Taler

6. Wessen Geld war verloren?

① Das Geld des Richters

② Das Geld des reichen Mannes

③ Das Geld des ehrlichen Finders

④ Es ist unbekannt.

7. Wer hat das verlorene Geld gefunden? ______

① Der kluge Richter

② Ein ehrlicher Mensch

③ Ein reicher Freund

④ Niemand

8. Was hat der Mann wohl gedacht, als er das Geld wieder hatte? ______

① "Der Finder war unehrlich, er hat 100 Taler gestohlen."

② "Der Blick eines ehrlichen Mannes ist schön."

③ "Der Finder wird die versprochene Belohnung nicht bekommen."

④ "Ich werde ihm das Geld, das er verdient hat, geben."

II. Lesen Sie den folgenden Text und beantworten Sie die Fragen dazu.

Der kluge Richter, der die Ehrlichkeit des einen und die schlechte Gesinnung des andern im Voraus zu erkennen schien, griff die Sache so an: Er ließ sich von beiden über das, (a) ______ sie aussagten, eine feste und feierliche Versicherung geben - und tat hierauf folgenden Ausspruch: "Demnach, und wenn der eine von euch 800 Taler verloren, der andere aber nur ein Päcklein von 700 Taler gefunden hat, so kann das Geld (b) des Letzteren nicht das nämliche sein, auf welches der Erstere ein Recht hat. Du, ehrlicher Freund, nimmst also das Geld, welches du gefunden hast, wieder zurück und behältst es in guter Verwahrung, bis der kommt, welcher nur 700 Taler verloren hat. Und dir da weiß ich keinen Rat, (c) als du geduldest dich, bis derjenige sich meldet, der deine 800 Taler findet." So sprach der Richter - und dabei blieb es.

9. Wer hat die 100 Taler gestohlen?

① Der kluge Richter

② Der Finder

③ Eine unbekannte Person

④ Niemand

10. Wem glaubte der kluge Richter?

① Dem reichen Mann

② Dem Finder

③ Den beiden

④ Keinem

11. Was war die Entscheidung des Richters?

① Der reiche Mann soll sein Geld behalten.

② Der Finder soll das Geld behalten.

③ Der reiche Mann soll das Geld behalten und dem Finder 100 Taler Belohnung geben.

④ Der Richter will das Geld behalten.

12. Welches Relativpronomen passt zu (a)?

13. Wer ist mit (b) gemeint? Schreiben Sie die Antwort auf Koreanisch.

14. Welcher der folgenden Sätze entspricht derselben Bedeutung wie (c)?

① In den 60er Jahren haben viele Männer jene Schauspielerin als ihre Göttin bezeichnet.

② Kaum hatte ich die Tür geöffnet, als es aufhörte zu klingeln.

③ Das Paket wiegt viel mehr, als ich mir vorgestellt habe.

④ Sie hat sich nichts anderes als einen bescheidenen Blumenstrauß gewünscht.

Grammatik

• Ersetzen Sie die Formen der Verben im Präteritum durch Perfektformen.

Glossar

- **beträchtlich** – ziemlich groß/viel, beachtlich
- **dabei blieb es** – es wird nichts geändert
- **Ehrlich währt am längsten und Unrecht schlägt seinen eigenen Herrn.**
  – Man soll immer ehrlich sein, das ist auf Dauer am besten und Unrecht schlägt auf den Verantwortlichen /Urheber zurück.
- **feierliche Versicherung, die** – ernste Erklärung
- **guter Rat ist teuer** – man weiß nicht, was man tun soll
- **im Voraus** – schon vorher
- **Naht, die** – mit Faden hergestellte Verbindung
- **schlechte Gesinnung, die** – nicht gute Einstellung
- **jmdn. um etwas bringen** – jm. etwas nehmen
- **unbescholtene Rechtschaffenheit, die** – tadellose / fehlerfreie Ehrlichkeit
- **versehren** – verletzen, beschädigen
- **Verwahrung, die** – sichere Unterbringung
- **wie es um seine Ehrlichkeit aussah** – ob er ehrlich war
- **...wohl daran tun** – ... richtig / klug handeln

10
Geschichte

Lesekurs Deutsch

10. Geschichte

Deutsche Persönlichkeiten im "Lande der Morgenstille"

Am 26. Nov. 1883 wurde der deutsch-koreanische Handels-, Freundschafts- und Schifffahrtsvertrag in Seoul unterzeichnet. Damit begannen offiziell die **diplomatischen Beziehungen** zwischen dem Deutschen Reich und dem Königreich Korea.

Von dem Augenblick an, als der erste Deutsche die **Halbinsel** Korea betrat, bis zum 1. Jan. 1910 haben mehr als 300 Deutsche das Land besucht, dort gearbeitet und gelebt. Im Folgenden sollen diejenigen vorgestellt werden, die für Korea besonders bedeutend waren.

1876 unterzeichnete Korea mit Japan seinen ersten Vertrag mit einer fremden Nation. Aufgrund der langen Isolation war der koreanische Hof aber in **außenpolitischen Belangen** völlig unerfahren und hilflos. Daher wandte sich König Gojong(ab 1897 Kaiser Gojong) an China mit der Bitte um einen Berater. Daraufhin wurde der deutsche

Jurist und **Sinologe** *Paul Georg von Möllendorff* nach Korea geschickt. Seine Hauptaufgabe war der Aufbau eines **Seezollwesens**, doch war er von Ende 1882 bis 1885 auch als Berater auf vielen anderen Gebieten tätig.

Die einzige deutsche Handelsfirma in Korea, *H. C. Eduard Meyer & Co.*, wurde durch den Hamburger Kaufmann *Carl Andreas Wolter* 1884 in Chemulpo errichtet. Sie existierte noch bis zum Ausbruch des **Koreakrieges** 1950.

Am 15. Sep. 1898 wurde in Seoul die Kaiserliche Deutsche Sprachschule eingeweiht. Ihr Direktor war der deutsche Mittelschullehrer aus Pommern *Johannes Bolljahn*. Die Schule wurde 1911 von den Japanern aufgelöst.

Eine weitere **Persönlichkeit** ist der preußische **Kapellmeister** *Franz Eckert*. Nach einer 20-jährigen erfolgreichen Tätigkeit in Japan übernahm er 1901 die Aufgabe, in Seoul eine Hofkapelle aufzubauen. Bereits ein Jahr später wurde die erste koreanische **Nationalhymne**, die von ihm **arrangiert** und **harmonisiert** war, **uraufgeführt**.

Als **Leibarzt** Kaiser Gojongs war *Dr. med. Richard Wunsch* von 1901 bis 1905 in Seoul tätig. Anschließend ging Wunsch zunächst nach Japan und 1908 schließlich nach China, wo er 1911 in Qingdao an Ty-

phus starb.

Eine sehr einflussreiche Dame am koreanischen Hof war die Elsässerin *Antoinette Sontag*. Im Jahre 1885 begleitete sie ihren Verwandten, den russischen Diplomaten *Carl Waeber*, nach Korea. Nach dem Attentat der Japaner auf Königin Min am 8. Okt. 1895 verbrachte König Gojong ein Jahr in der russischen **Gesandtschaft**. Aufgrund der großen Fürsorge von Antoinette Sontag ernannte er sie zur **Hofzeremonienmeisterin**. Sie besaß auch eine Pension, die später unter dem Namen "Sontag Hotel" bekannt wurde.

Im Jahre 1909 begannen die **Benediktinermönche** ihre Tätigkeit in Seoul. Sie unterhalten heute noch ein Kloster in Waegwan als Missionszentrale. Als einer der Pioniere der Benediktinermission in Korea ist *Andre Eckardt* zu nennen. Er kehrte Ende 1928 nach Deutschland zurück und gründete im Jahre 1950 als Professor in München die deutsche **Koreanistik**.

(Nach Hans-Alexander Kneider: *Globetrotter, Abenteurer, Goldgräber. Auf deutschen Spuren im alten Korea*, München 2010)

Lernvokabeln

- Bilden Sie mit jeder unterstrichenen Vokabel zwei Sätze.

Fragen zum Text

1. Wann begannen die offiziellen Beziehungen zwischen Deutschland und Korea?
2. Was wird im Text über die Anzahl aller Deutschen gesagt, die bis 1910 in Korea waren?
3. Welche Rolle spielte Paul Georg von Möllendorff in Korea?
4. Wo, wann und durch wen wurde eine deutsche Handelsfirma in Korea gegründet?
5. Wie lange bestand diese Firma in Korea?
6. Wann wurde die Deutsche Sprachschule gegründet?
7. Wie hieß der Direktor der deutschen Schule und woher kam er?
8. Wer war Franz Eckert und was hat er in Korea gemacht?
9. Warum war Dr. Richard Wunsch von 1901 bis 1905 in Korea?
10. Was machte Dr. Richard Wunsch nach seinem Aufenthalt in Korea?
11. Wann, wo und woran ist Dr. Richard Wunsch gestorben?
12. Wann verübten die Japaner ihr Attentat auf Königin Min?
13. Was hatte König Gojong mit Antoinette Sontag zu tun?
14. Womit war Antoinette Sontag in Seoul beschäftigt?
15. Wann begannen die Tätigkeiten der Benediktiner in Korea?
16. Wann ging Andre Eckardt nach Deutschland zurück und was machte er dort?

17. Sind folgende Aussagen richtig (R) oder falsch (F)?

1) Im November 1883 kam der erste Deutsche nach Korea. ☐

2) Am 1. Jan. 1910 lebten 300 Deutsche in Seoul. ☐

3) 1876 reiste König Gojong zum ersten Mal nach China. ☐

4) Paul Georg von Möllendorff war Direktor der deutschen Schule in Seoul. ☐

5) Möllendorff hatte Jura und Koreanistik studiert. ☐

6) Carl Wolter ging 1908 nach Qingdao, um dort zu arbeiten. ☐

7) Franz Eckert arrangierte 1902 die erste koreanische Nationalhymne. ☐

8) Richard Wunsch war als Geologe 2 Jahre in Korea unterwegs. ☐

9) Antoinette Sontag war mit einem russischen Gesandten verheiratet. ☐

Aufgabe

• Geben Sie den Abschnitten mit folgenden Personen jeweils eine Überschrift:

A. Möllendorff

B. Wolter

C. Eckert

D. Sontag

Übungen

I. Lesen Sie den folgenden Text und beantworten Sie die Fragen dazu.

Am 15. Sep. 1898 wurde in Seoul die Kaiserlich Deutsche Sprachschule eingeweiht. Ihr Direktor war der deutsche Mittelschullehrer aus Pommern *Johannes Bolljahn.* Die Schule wurde 1911 von den Japanern aufgelöst.

Eine weitere Persönlichkeit ist der preußische Kapellmeister *Franz Eckert*. Nach einer 20-jährigen erfolgreichen Tätigkeit in Japan übernahm er 1901 die Aufgabe, in Seoul eine Hofkapelle aufzubauen. Bereits ein Jahr später wurde die erste koreanische Nationalhymne, die von ihm (a) arrangiert und harmonisiert war, uraufgeführt.

1. Welche der folgenden Aussagen entspricht dem Text?

① Die Kaiserlich Deutsche Sprachschule wurde 1911 errichtet.

② Die Kaiserlich Deutsche Sprachschule befand sich in Pommern.

③ Die erste koreanische Nationalhymne wurde 1902 uraufgeführt.

④ Franz Eckert war zuerst in Korea tätig, danach in Japan.

2. Welche der folgenden Aussagen entspricht nicht dem Text?

① Johannes Bolljahn war Direktor der deutschen Sprachschule in Seoul.

② Die Japaner haben die deutsche Sprachschule geschlossen.

③ Der deutsche Kapellmeister Franz Eckert ging 1901 nach Preußen.

④ Franz Eckert hat zwei Jahrzehnte in Japan gearbeitet.

3. Welcher der folgenden Sätze entpricht der Formulierung (a)?

① Die Studenten haben ihr Abschlussfest im Berliner Tiergarten *arrangiert.*

② Der Roman *Das Parfum* hat eine künstlerisch *arrangierte* Story.

③ Mit dieser schwierigen Situation muss ich mich nun irgendwie *arrangieren.*

④ Die Schlager der 80er Jahre sind von einem jungen Komponisten neu *arrangiert.*

II. Lesen Sie den folgenden Text und beantworten Sie die Fragen dazu.

1876 unterzeichnete Korea mit Japan seinen ersten Vertrag mit einer fremden Nation. Aufgrund der langen Isolation war der koreanische Hof aber in außenpolitischen (a) Belangen völlig unerfahren und hilflos. Daher wandte sich König Gojong(ab 1897 Kaiser Gojong) an China mit der Bitte (b) ______ einen Berater. (c) Daraufhin wurde der deutsche Jurist und Sinologe *Paul Georg von Möllendorff* nach Korea geschickt. Seine Hauptaufgabe war der Aufbau eines Seezollwesens, doch war er von Ende 1882 bis 1885 auch als Berater (d) ______ vielen anderen Gebieten tätig.

4. Was ist nicht synonym zu (a) Belangen?
   ① Angelegenheiten
   ② Anliegen
   ③ Interessen
   ④ Partys

5. Ergänzen Sie die Lücke (b) und (d).
   ① um - auf
   ② um - unter
   ③ gegen - auf
   ④ gegen - unter

6. Welche Formulierung kann das Wort (c) nicht ersetzen?
   ① aus diesem Anlass
   ② auf jeden Fall
   ③ unter diesem Gesichtspunkt
   ④ im Hinblick darauf

III. Lesen Sie den folgenden Text und beantworten Sie die Fragen dazu.

Eine sehr einflussreiche Dame (a) ______ koreanischen Hof war die Elsässerin *Antoinette Sontag*. Im Jahre 1885 begleitete sie ihren Verwandten, den russischen Diplomaten Carl Waeber, nach Korea. Nach dem Attentat der Japaner auf Königin Min (a) ______ 8. Okt. 1895 verbrachte König Gojong ein Jahr in der russischen Gesandtschaft. Aufgrund der großen Fürsorge von Antoinette Sontag ernannte er sie zur Hofzeremonienmeisterin. Sie besaß auch eine Pension, die später unter dem Namen "Sontag Hotel" bekannt wurde.

7. Was entspricht dem Text? ______

① Antoinette Sontag ist Russin.

② König Gojong nannte seinen Hof "Sontag Hotel".

③ Frau Sontag kam 1885 nach Korea.

④ König Gojong brachte 1895 die russische Gesandtschaft nach Korea.

8. Welches Wort passt in die beiden Lücken (a)? ______

① auf

② am

③ zum

④ für

IV. Lesen Sie den folgenden Text und beantworten Sie die Fragen dazu.

Die einzige deutsche Handelsfirma in Korea, *H. C. Eduard Meyer & Co.,* wurde durch den Hamburger Kaufmann *Carl Andreas Wolter* 1884 in Chemulpo errichtet. Sie existierte noch bis zum Ausbruch des Koreakrieges 1950.

Am 15. Sep. 1898 wurde in Seoul die Kaiserlich Deutsche Sprachschule eingeweiht. Ihr Direktor war der deutsche Mittelschullehrer aus Pommern *Johannes Bolljahn.* Die Schule wurde 1911 von den Japanern aufgelöst.

9. Was entspricht dem Text?

① Herr Wolter war ein Kaufmann aus Hamburg.

② In Deutschland betrieb Herr Wolter die Handelsfirma *H. C. Eduard Meyer & Co.*

③ In Deutschland war Herr Bolljahn Direktor einer Mittelschule.

④ Die Kaiserlich Deutsche Sprachschule wurde 1898 geschlossen.

10. Wodurch kann das unterstrichene Verb "errichtet" ersetzt werden?

① erreicht

② gegründet

③ erregt

④ erschöpft

Grammatik

• Wandeln Sie die letzten zwei Absätze des Haupttextes ins Perfekt um.

Glossar

- **arrangieren** – hier: für andere (europäische) Instrumente bearbeiten
- **außenpolitische Belange (pl.)** – Angelegenheiten zwischen verschiedenen Staaten
- **Benediktinermönche (pl.)** – Mitglieder des Benediktinerordens
- **diplomatische Beziehung, die** – die offizielle Beziehung zwischen einzelnen Staaten
- **Gesandtschaft, die** – von einem Gesandten geleitete diplomatische Vertretung eines Staates im Ausland; hier: Gebäude, in dem eine Gesandtschaft untergebracht ist.
- **Halbinsel, die** – Gebiet, das von drei Seiten von Wasser umschlossen ist.
- **harmonisieren** – mit passenden Begleitakkorden versehen, aufeinander abstimmen
- **Hofzeremonienmeisterin, die** – Leiterin des königlich oder kaiserlichen Haushalts und Aufseherin der Dienerschaft
- **Kapellmeister, der** – Leiter einer Musikkapelle, Dirigent eines Orchesters
- **Koreakrieg, der** – Der Koreakrieg (1950-1953) war eine Auseinandersetzung zwischen Truppen der *Demokratischen Volksrepublik Korea* (Nordkorea) zusammen mit der Volksrepublik China auf der einen Seite und der *Republik Korea* (Südkorea) zusammen mit UNO-Truppen auf der anderen Seite.
- **Koreanistik, die** – ein Studienfach, das Korea betrifft (z.B. koreanische Literatur, Geschichte, Sprache, Kultur, Musik, Religion etc.)
- **Leibarzt, der** – der Hausarzt einer hohen Persönlichkeit
- **Nationalhymne, die** – Lied, das als Ausdruck des Nationalbewußtseins bei feierlichen Anlässen gesungen oder gespielt wird.

Glossar

- **Persönlichkeit, die** – ein bedeutender Mensch; hier: eine Person, die etwas Verdienstvolles geleistet hat
- **Seezollwesen, das** – ein System, eine Einrichtung für Abgaben oder Steuern an den Staat, die von Schiffen bei der Einfuhr von Waren entrichtet werden müssen
- **Sinologe, der** – ein Wissenschaftler (oder Student) des Studienfaches "Sinologie"
- **uraufführen** – zum ersten Mal spielen, aufführen, vorführen

HUK
HUK-COBURG
61
9451
HUK-COBURG
HUK
STADTWERKE BONN
9451

부록

Anhang I

Lesekurs Deutsch

번역모델

Modellübersetzungen

제 1과 뉴스와 일기예보

뉴스 1

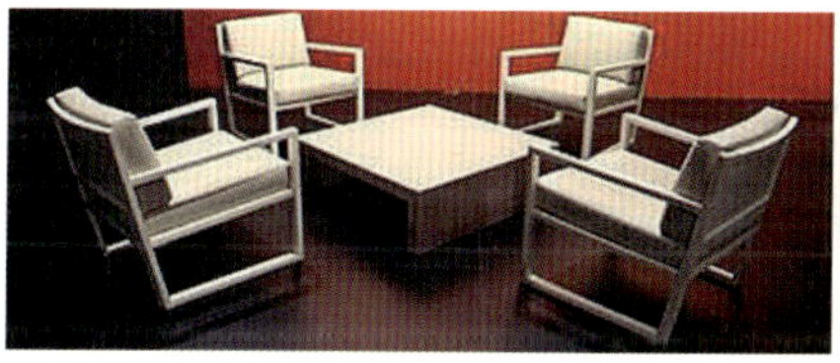

소파에 설치된 TV모니터와 부엌용 안락의자 - 이 새로운 가구 트렌드는 지난 월요일부터 세계 최대의 가구박람회인 '쾰른 국제가구박람회(IMM Cologne)'에서 볼 수 있습니다. 일주일간 진행되는 전시회에는 49개국에서 온 약 1,060개의 회사가 참여하고 있습니다. 주최측의 보고에 따르면 이 행사의 큰 주제 중 하나는 다양한 주거 영역의 융합입니다. 부엌은 점점 식당 및 거실과 통합되고, 욕실은 점점 침실과 가까워진다고 독일 가구산업협회(VDM) 회장인 엘마 두프너는 말했으며, 이러한 경향은 가구에서도 반영된다고 합니다.

뉴스 2

루카스 포돌스키의 FC 바이에른 뮌헨에서 제1 FC 쾰른으로의 이적이 마무리되었습니다. 몇 달 간의 계약 협상을 끝낸 후 이 국가대표 선수는 여름에 종전의 소속 팀으로 돌아간다고 합니다. 포돌스키는 스포츠 선수로서의 자신의 미래가 결정된 것과 자기를 둘러싼 억측들이 끝난 것이 기쁘다고 월요일에 말했습니다. 포돌스키의 새 계약은 2013년까지입니다. 이 공격수에 대한 이적료는 총 천만 유로가 될 것이라고 합니다. 같은 액수로 포돌스키는 2006년에 쾰른에서 뮌헨으로 옮긴 적이 있습니다.

일기예보 1

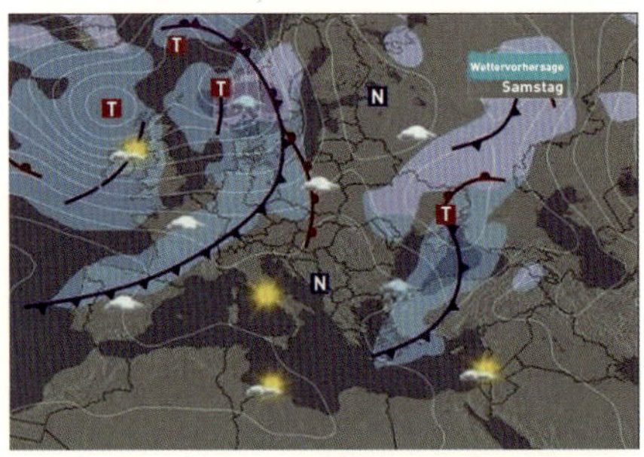

내일 11월 11일 일요일, 전국 일기예보입니다. 스칸디나비아에서 온 저기압 지대로 인해 북쪽에는 계속해서 진눈깨비가 내리고 밤에는 추워질 것입니다. 독일의 나머지 지역에도 강우와 결빙의 기온이 예상됩니다. 독일 남서부만이 예외적으로 맑게 개이고 10도의 온화한 기온을 형성할 것입니다. 러시아에서 오는 고기압의 영향으로 차갑고 맑은 날씨가 예상되는 수요일에야 날씨가 좋아지겠습니다.

일기예보 2

이제 8월 20일 화요일 날씨를 알려드립니다. 독일 대부분의 지역에서 오늘 다시 해가 납니다. 하지만 라인강 지역의 날씨는 불안정하여 계속해서 소나기와 뇌우가 있을 것입니다. 동부는 전체적으로 건조합니다. 저녁에는 뭉게구름이 형성되고 알프스 지역에는 높은 온도와 습도로 인한 뇌우가 있을 수 있습니다. 수요일과 목요일에는 산간지역에서 산발적으로 천둥번개가 있겠고, 그 밖의 지역은 전반적으로 건조하겠습니다. 금요일부터는 멋진 여름 날씨를 기대할 수 있을 것입니다.

제 2과 외국어

옛날 스위스에 어느 백작이 살고 있었다. 그에게는 외아들이 하나 있었는데, 그는 머리가 나빴고 아무것도 배우려고 하지 않았다. 그러자 아버지가 아들에게 이렇게 말했다. "사랑하는 아들아, 집을 떠나거라. 너를 어느 선생님에게 보내려고 한다. 그분이 너를 가르치실 게다. 나는 똑똑한 아들을 원한다!"

그리하여 젊은이는 다른 도시로 갔고, 선생님 집에 1년간 머물렀다. 1년이 지나자 그는 다시 집에 돌아갈 수 있게 되었고, 집에 돌아온 아들에게 아버지가 물었다. "자, 얘야. 1년 동안 집을 떠나 있었는데, 그 동안 대체 뭘 배웠느냐?" 그러자 아들이 대답했다. "아버지, 전 이제 개들처럼 짖을 수 있어요. 개들의 말을 알아들을 수 있어요." 그러자 백작은 노발대발하며 소리쳤다. "뭐라

고? 그것 말고는 배운 게 없다고? 당장 집에서 나가거라. 넌 더 이상 내 아들이 아니다. 내 집에서 더 이상 너를 보고 싶지 않다!"

그러자 젊은이는 아버지의 집을 떠나 몇 날 몇 주를 방랑했다. 어느 날 그는 어느 성에 도착했다. 때는 벌써 저녁이었고 그는 이곳에서 밤을 지내고자 했다. 그러자 성주가 이렇게 말했다. "좋다. 저기 탑 아래에서 잘 수 있다. 하지만 그곳은 위험하다. 사나운 개 세 마리가 그곳에서 살고 있는데, 그들은 사람도 잡아먹는다. 모든 사람들이 그 개들을 무서워한다." 하지만 젊은이는 두려워하지 않고 탑으로 갔다.

다음날 아침, 그는 탑에서 다시 나왔고 멀쩡했다. 그리고는 성주에게 이렇게 말했다. "전 개들과 얘기를 했습니다. 전 그들의 말을 할 줄 알거든요. 이 개들은 예전에는 사람이었습니다. 지금은 저 탑 아래에서 보물 하나를 지켜야 합니다. 우리는 이 보물을 꺼내 와야 합니다." 그러자 성주는 기뻐하며 말했다. "그렇다면 가서 보물을 가져오너라!" 그리하여 젊은이는 다시 탑 아래로 내려가서 정말로 금이 든 상자 하나를 가지고 올라왔다.

이날부터 사람들은 개들에 대해서는 더 이상 보지도 듣지도 못했으며, 다시금 두려움 없이 살 수 있었다. 성주는 젊은이를 아들로 삼았고, 둘은 오래오래 행복하고 만족스럽게 살았다. 이들이 죽지 않았다면 오늘날도 그렇게 살고 있을 것이다.

(그림형제 동화에서)

제 3과 독일에 관한 두 가지 특이한 이야기

특이한 이야기, 하나

독일에서 택시기사들이 즐겨 하는 일은 날씨에 대해 욕하는 것이다. 그들은 "여름에는 비가 너무 많이 내렸어!", "20년 전부터 제대로 된 가을이 한 번도 없었어, 겨울은 말할 것도 없고!" 라고 불평한다. 또 이런 말도 자주 들린다. "일 년 내내 빌어먹을 어중간한 날씨만 계속 돼." 이렇게 택시기사들은 불평한다. 그리고 그들의 말이 맞는 경우가 많다.

하지만 가끔 신은 택시기사들의 말을 귀담아 듣고 그들에게 은총을 베푼다. 그러면 갑자기 1월 중에 해가 나서 도로가 마르고 하늘이 개며, 바깥의 온도는 12도나 된다. 그러면 새들이 지저귀고, 금방 작은 역에 한 무리의 학생들이 모여든다. 그들은 마치 기차를 기다리는 것처럼 행동을 하던지 아니면 정말로 완행열차를 타고 왔다 갔다 하는데, 실은 학교를 빼먹고 있는 것이다. 어른들은 그들을 보며 미소 짓고, 대부분 그것을 이해하며, 자신들도 그런 날씨에는 일을 빼먹고 놀고 싶어 한다.

(블라디미르 카미너, 『나의 독일 정글북』, 뮌헨 2005, 26쪽 이하)

특이한 이야기, 둘

크리스마스 직후 많은 독일인들은 마음에 들지 않는 선물을 교환하기 위해 가게들을 찾는다. 일본 여자인 에미코에게는 있을 수 없는 일이다. 이 여사무원은 "선물을 바꾸거나 심지어 e-Bay에 올리는 일을 일본에서는 감히 아무도 못 할 거에요" 라고 말한다. "일본인들은 비록 손님이 벌써 세 번째 전기 포트를 선물로 가져온다고 하더라도 정말 감사할 줄 알고 공손하게 받지요." 그렇기 때문에 그녀는 흔히 독일에서 결혼식 전에 가게에 비치되어 있는 선물목록에 대해 당혹스러워했다. "그 목록은 매우 실용적이긴 하지만 저는 좀 익숙하지 않아요."[...]

에미코는 요코하마 출신으로 1992년부터 독일에 살고 있으며, 약 4년 전 터키 남자와 결혼했다. 그녀는 그 남자를 뒤셀도르프에서 알게 되었다. 브레멘 시민이 된 그녀는 터키 남자들이 많은 점에서 일본 남자들과 매우 유사하다고 확신한다. 그녀는 "두 나라는 남자들 세상이지요." 라고 말한다.

독일은 아주 다르다고 말한다. 몇 년 전에 한번은 한 젊은 남자가 그녀를 자기 집에 식사 초대한 적이 있었다고 한다. "그 남자는 요리와 설거지를 했으며, 게다가 과일을 깎을 수 있었어요." 라고 에미코는 열광한다. "우리나라 남자들은 그런 일들은 할 수 없으며, 심지어 여자에게 재떨이나 음료수 심부름을 시켜요."[...]

물론 일본에서의 직장생활은 독일에서보다 훨씬 더 고달프다고 한다. "독일 사람들은 여가 시간이 아주 많아요."라며 독일로 귀화한 그 여자는 좋아한다. "이곳은 아주 평화롭게 생활이 진행되는데, 사람들은 저녁에는 선술집에 가거나 영화관에 갈 수 있죠. 여기서는 삶을 즐겨요." 전차를 타는 것도 이 나라에서는 "정말 천국"이라고 한다. 아무 문제없이 북적거리지 않고 어디든 갈 수 있다는 것이다. [...]

독일인들은 비교적 아주 안락한 생활과 긴 휴가를 즐긴다고 말한다. 휴가가 연장된다는 것은 일본에서는 절대 생각할 수 없다고 한다. 신입사원들은 매년 7일의 연차 휴가를 받고, 그 후 약 12일을 받는데, 물론 한 번에 몰아서 받지는 못한다. "이런 말도 안 되는 노동시간 때문에 대부분의 어린이들은 거의 아버지 없이 성장해요." 일본에는 직업여성이 거의 없다고 봐야 한다고 그녀는 말한다. "대부분의 여성들은 전업주부이고 공부를 포기해야 해요." 그런데 독일은 아주 다르다는 것이다. "이 곳에서는 저렴한 가격으로 이용할 수 있는 보육기관이나 탁아시설, 그리고 평생교육기관이 있다."

에미코는 특히 이런 편리함 때문에 독일에서 살기로 결정했다. 그런데 그녀가 그리워하는 것은 무엇일까? 그것은 특히 간장을 곁들인 김과 건어물, 그리고 매일 하는 목욕이다. "모든 일본인은 매일 욕조에 들어가 목욕을 해요." 목욕 전에 충분히 샤워를 하고 나서 다른 식구가 쓴 물을 사용하는데, 그 물은 몇 번이고 데워진다고 한다. 그 일본 여성은 "여기 독일에서 나는 욕조 하나도 없어요."라며 한숨짓는다.

제4과 기술

로봇, 자율주행 자동차, 3D 프린터 등의 기술혁신은 산업을 변혁시킬 것이라고 세계경제포럼 회장인 클라우스 슈밥은 말한다. 인류에게 있어 모든 것은 변화될 것이다.

클라우스 슈밥

우리는 삶의 방식, 노동방식, 그리고 의사소통방식을 근본적으로 변화시키게 될 기술혁명에 임박해 있다. 이러한 변환과정은 그 혁명의 정도와 파장의 범위 및 복합성에 있어서 이제껏 한 번도 체험한 적이 없는 경험이 될 것이다. 우리는 그것이 정확히 어떻게 펼쳐질지 아직 모른다. 그러나 한가지는 분명하다. 즉, 이에 대한 대답은 포괄적이며 또한 협력적이라는 것이다. 그리고 글로벌 공공단체의 모든 이해 당사자, 공공부문과 사적인 부문뿐 아니라 학계와 시민사회에 이르기까지 모두가 이와 관련되어 있다는 것이다.

1차 산업혁명은 생산을 기계화하기 위해 물과 증기를 이용하였다. 2차 산업혁명에선 대량생산을 가능케 하는 전력이 있었다. 그리고 3차 산업혁명에선 생산을 자동화하기 위하여 전자와 정보기술력을 이용하였다. 이제 4차 산업혁명은 3차 산업혁명에, 즉 과거 20세기 중반에 시작된 디지털 혁명에 토대를 두고 이루어진다. 4차 산업혁명의 특징은 기술의 융합이다. 즉 물리적인 것과 디지털과 생물학적인 영역들을 융합시키는 것이다.

오늘날 일어나고 있는 이러한 변형이 3차 산업혁명의 연장일 뿐만 아니라 그것과는 종류가 다른 4차 산업혁명이라고 명시되는 데에는 세 가지 이유가 있다. 즉, 빠른 속도, 영향 범위, 전체 시스템에 대한 영향력이라는 점에서다. 현재의 4차 산업혁명의 발달속도는 이제껏 도달하지 못한 속도이다. 이전의 산업혁명들과 비교할 때 4차 산업혁명은 선형적인 속도가 아닌 기하급수적인 속도로 발전하고 있다. 이 혁명은 모든 나라에서 거의 모든 산업 분야를 뒤흔들고 있다. 그리고 이 변화의 폭과 깊이를 볼 때 생산, 경영, 관리를 포함해 완전히 새로운 체계의 창조를 알리고 있다.

모바일 기기를 통해 기존에 없었던 작업 및 저장능력을 갖춘 수십억 사람들이 갖게 되는 가능성은 거의 무제한적이며, 이는 지식 접근성의 경우에도 마찬가지이다. 그리고 이러한 가능성은 인공지능, 로봇공학, 사물인터넷, 자동주행 차량, 3D 프린트, 나노기술 및 바이오기술, 물질과학, 에너지 저장과 양자컴퓨팅과 같은 분야의 두드러지는 기술적 혁명을 통해 강화된다.

우리는 지금 이미 자율주행 자동차와 드론에서부터 번역이나 투자를 할 수 있는 가상 어시스턴트와 소프트웨어에 이르기까지 인공지능에 둘러싸여 있다. 소위 말하는 인공지능은 그동안 컴퓨터의 기능과 어마어마한 양의 데이터 처리능력의 기하급수적인 성장에 힘입어 괄목할만한 발전을 이룩했다. 소프트웨어는 이제 신약의 발견을 가능케 하고 있으며 그것은 우리가 어떤 문화적 관심을 갖게 될지를 예언해준다.

그사이 디지털 생산기술은 나날이 생물학 분야와 상호작용을 하고 있다. 엔지니어, 디자이너 그리고 건축가들은 미생물, 우리의 신체, 우리가 소비하는 생필품 그리고 우리가 살고 있는 건물 안에서도 공생(상생)을 위하여 컴퓨터가 토대가 된 디자인, 적층 가공, 재료공학 그리고 통합(합성) 생물학을 실험하고 있다.

앞서 일어난 산업혁명처럼 또한 4차 산업혁명은 전 세계적으로 국민소득과 생활 수준이 향상할 기회를 내포하고 있다. 오늘날까지 디지털 분야에 참여할 만한 여력이 되는 소비자들이 가장 큰 수혜자가 될 것이다. 기술 덕분에 우리는 새로운 생산품과 우리의 생활을 더 효율적이고 편리하게 하는 서비스를 이용하게 되었다. 택시를 부르고, 비행기를 예약하고, 상품을 구입하고, 돈을 지불하고, 음악을 듣고, 영화를 보거나 게임을 하는 등 이 모든 일을 이제는 원격으로 할 수 있게 되었다.

제 5과 남녀평등을 위한 오랜 투쟁

90년 전인 1918년 11월 12일 독일에서는 여성의 선거권이 도입되었다. 오늘날에는 독일의회의 의석을 차지하고 있는 전체 의원의 3분의 1은 여성이다. 하지만 아무리 여성이 연방의회와 주의회를 정복했다고 해도 몇몇 지방의회는 여전히 남자들에 의해 장악되고 있다.

1932년 8월 30일에 클라라 체트킨은 여성 최고령자로서 임시의장을 맡아 독일 제국의회의 개회를 선언했으며, 이로 인해 한참동안 갈채를 받았다. 아마도 오랫동안 정의를 위해 투쟁했던 이 공산주의자는 이 짧은 순간을 즐겼을 것이다. 이 순간은 수 십 년간의 여성선거권을 위한 투쟁이 성공을 거두었음을 나타내는 가시적인 표식이었다. 클라라 체트킨은 1920년부터 1933년까지 독일 제국의회에서 활동한 최초의 여성 국회의원이었다.

19세기 말에 독일 여성들은 정치적인 남녀평등을 위해 투쟁하기 시작했으며, 또한 여성 정치가들뿐만 아니라 국민 각계각층의 여성들이 이 투쟁에 참여했다. 그리하여 예를 들어 1911년 3월에 열린 제1회 '세계 여성의 날'에 독일에서는 100만 명이 넘는 여성들이 가두시위를 벌였다.

7년 후 종전(제 1차 세계대전)과 정치적 불안, 그리고 그 이후 혁명의 혼란은 여성 선거권을 위한 운동에 새로운 활력을 불어넣었다. 여성들은 독일의 변혁을 위해 싸우는 정치가들과 혁명가들의 호응을 얻어냈다. 1918년 11월 12일 국민대표회의의 선언문은 다음과 같다. "이제부터 모든 선거는 20세 이상의 모든 남성과 여성을 대상으로 평등, 비밀, 직접, 보통 선거권에 따라 시행되어야 한다."

1919년 1월 19일에 헌법을 제정하기 위해 개최된 (바이마르 공화국의 첫 번째) 국민의회 선거에서 여성들은 처음으로 투표를 했다. 사회학자이자 역사학자인 기젤라 노츠는 "이 여성들은 대단히 열광했다. 선거참여율은 여성의 경우 82.3 퍼센트로 매우 높았다"라고 말한다. 또한 이른바 여성은 천성적으로 비정치적이라고 주장하는 보수적인 여성운동 반대자들도 자신들이 거의 되돌릴 수 없는 발전의 증인임을 인정해야 했다.

독일 최초의 민주주의 국가인 바이마르 공화국은 15년간 존립했다. 1933년에 국가사회주의자(나치)들이 자신들의 "총통" 히틀러와 함께 정권을 차지했다. 이들은 여전히 정치적 인정을 얻기 위해 고군분투하는 여성들이 정치에 입문하는 것을 금지시켰다. 국회의원에 당선되었던 여성들은 자신들의 의석을 잃었다. 1945년 이후에야 비로서 여성들은 다시 바이마르 공화국의 민주주의적 발전을 이어갈 수 있었다. 오늘날 독일 연방의회에서 전체 의원의 약 34 퍼센트가 여성이며, 주의회에서 여성의 참여율은 30 퍼센트에 이르고 있다.

(헨리에테 브레게, http://www.dw-world.de, 2008년 11월 12일자 기사)

제 6과 침묵의 저편

“침묵을 음악으로 만들고 웃음과 눈물, 기쁨과 고통간의 균형을 유지하고 있는 게 강점인 영화” (디르크 야스퍼, 영화사전)

감독: 카롤리네 링크

각본: 카롤리네 링크, 베트 설린

카메라: 게르노트 롤

편집: 파트리치아 롬멜

음악: 니키 라이저

배우: 실비아 테스투트(라라), 탄야나 트립(라라의 아역), 호비 세아고(마틴), 엠마누엘레 라보리트(카이), 시빌레 카논이카(클라리사), 마티아스 하비치(그레고르), 알렉산드라 볼츠(마리), 한자 치피온카(톰), 도리스 샤데(리리), 호르스트 자흐트레벤(로베르트)

상영시간: 109분

독일. 1996년도 제작

나는 작업실 문을 열었다. 이 얼마나 아름다운 밤인가!
검푸른 하늘에 커다랗고 노란 공 같은 보름달이 동그랗고 평온하게 떠 있었다.
함박눈이 내려, 마치 파우더 슈거를 뿌려놓은 듯했다.

아버지는 내가 뭔가 걱정거리가 있다는 걸 감지했다. 그는 갑자기 내 옆에 와서 미소를 지었다.

"이런 멋진 밤을 본 적이 있니? 사물을 잘 살펴보아야 한다. 그건 빨리 변하니까"

난 그의 어깨에 기댔다. 그는 가볍고 활기 있게 손을 움직이며, 반짝이는 눈으로 나를 바라보았다. 나는 이 순간 내가 그를 얼마나 사랑하고 있는지 아주 강하게 느꼈다. 그는 단도직입적으로 묻지 않고, 내 걱정을 아주 섬세한 방식으로 알아채고, 거기에 그냥 그렇게 있었다.

그가 가까이 있는 게 난 좋았고, 어떤 식으로든 그를 아프게 하고 싶지 않았다.

"며칠 있으면 봄이 시작되고, 눈은 사라질 거다."

그가 옳았다. 나는 고개를 끄덕였다. 한 해 한 해가 지나갔고, 나는 벌써 18년을 이 세상에서 살았고, 많은 것들이 내겐 당연한 것으로 보였다.

"밤이 보이니? 눈이 보이니?"

아버지는 손으로 반원을 그렸다.

"눈은 어떤 소리가 나지? 눈이 너한테 뭐라고 말해?"

이것은 우리가 늘 하던 놀이인 소리 알아맞히기 게임이었다. 난 그의 요구에 응했다.

"눈은 뽀드득 뽀드득, 사르르 사르르... 소리가 나요"

아버지는 황당한 듯 날 바라보았다.

"그게 뭐야? 뽀드득 그리고 사르르? 무슨 이상한 말들이야? 그런 말은 모르겠는데. 눈이 정말 그렇게 말한다고?"

난 웃을 수밖에 없었다.

"사실 눈은 별로 말을 하지 않아요.

사람들은 심지어 눈이 모든 소리를 삼켜버린다고 말하는 걸요. 눈이 쌓이면 모든 게 훨씬 조용해져요."

"그게 정말이니? 눈이 세상을 조용하게 만들어?"

그는 생각에 잠긴 표정을 지으며 수염을 쓰다듬었다.

"그것 멋지구나."

나는 미소 지으며 그를 바라보았고, 그가 기분 좋으니 이때다 싶었다.

"클라리사 고모가 오늘 학교에 왔었어요."

아버지의 표정이 금세 어두워졌다.

"걔가 여기 왔는지 몰랐는데."

그는 내게서 등을 돌렸다.

나는 아버지 쪽으로 좇아가 나 좀 보라고 했다.

"곧 고모 생일이에요. 할아버지는 우리 모두를 식사에 초대하려고 해요."

아버지는 거부하는 표정으로 다시 TV쪽으로 시선을 돌렸다.

하지만 이번에는 그가 피하지 못하게 만들었다.

나는 그와 그의 일감 사이로 비집고 들어가 눈을 크게 뜨고 그를 바라보았다.

"같이 가요, 아빠. 저를 생각해서라도."

그의 시선은 떨어지는 눈발 쪽으로 향했다. 그는 머리를 오른쪽에서 왼쪽으로 서서히 돌렸다.

그리고 친숙한 그의 끄응 소리를 들었을 때 난 그의 손을 꼬옥 잡았다.

내가 이겼다. 그는 함께 갈 것이다. 온 가족이 한자리에 모일 것이다. 이날 저녁 나는 베를린에 초대받은 사실을 말하지 않았다. 더 좀 이해해 달라고 그에게 더 이상 요구할 수는 없었다.

카롤리네 링크 감독과의 인터뷰

• 인터뷰 내용을 읽고 아래 제시된 질문에 답하시오.

리포터 : 영화 "침묵의 서편 Jenseits der Stille"에 대한 아이디어가 언제 떠올랐나요?

카롤리네 링크 : 1993년에 미국에 체류할 때 어떤 신문기사를 손에 넣게 되었죠. 그 기사에서는 어떤 여성작가가 청력 장애가 있는 부모와 함께한 자신의 어린 시절에 대해 얘기했어요. 그녀는 가족 중에서 유일하게 말하고 들을 수 있는 사람이었고, 그 때문에 다섯 살 때부터 아주 어이없는 상황에 처했을 때 부모님을 위해 통역을 해야 했죠. 그러고 나서 나는 이 주제에 대한 참고자료를 구했으며, 미국에서 수화로 공연하는 연극을 보았고, 의학에서부터 미술사까지 모든 분야를 수화로 공부할 수 있는 대학교를 방문했어요. 나는 많은 청각 장애인들을 만났는데, 그들은 나에게 그들의 문화, 언어, 생활방식에 대해 많은 것을 가르쳐 주었어요.

리포터 : 당신은 이 영화로 뭔가 문제를 지적하고 싶었나요?

카롤리네 링크 : 나의 동료들이 몇 번인가 나에게 내 "장애인 드라마"가 어떻게 진전되고 있는지 물었죠. 나는 일상적인 이야기를 하고 싶었고, 이 주제를 통해 나의 영화 아이디어 몇 개를 결합하는 것이 가능할 것이라고 생각했어요. 나는 사랑 이야기를 하고 싶었고, 어른이 되는 것, 즉 먼저 자신만의 길을 찾아내고 또 그 길을 가는 것이 얼마나 어려운 것인지에 대한 영화를 만들고 싶었어요.

리포터 : 시나리오에 자금을 대는 것이 어려웠는데, 왜죠?

카롤리네 링크 : 네, 저는 어디를 가나 "좀 더 가벼운 걸 찍어라. 관객은 코미디를 좋아한다."는 소리를 들었습니다. 확실히 관객들은 코미디를 좋아하고, 그 사실은 간과할 수 없겠죠. 그러나 그들도 마찬가지로 "Dead Man Walking"이나 "Leaving Las Vegas"를 보지요. 유일한 차이점이라면 이 영화들이 미국

영화라는 점이에요. 저는 이야기를 어떻게 서술해 나가느냐가 항상 중요하다고 생각해요. 당연히 어떤 문제점들을 다루고 있죠. 하지만 그렇다고 그런 소재로 흥미진진한 영화를 만들 수 없다고는 말할 수 없어요.

리포터 : 왜 결말을 해피 엔드로 하셨나요?

카롤리네 링크 : 저는 해피 엔드에 집착해요. 사람들이 돈까지 지불하면서 나중에 우울해져서 극장을 나서게 해야 할 이유가 있겠어요?

제 7과 우정이란 무엇인가?

우정은 인간의 가장 중요한 욕구에 속한다. 우정은 공생을 가능케 할뿐만 아니라, 이를 아름답고 가치 있게 만든다. 우정이라는 주제는 공적인 논의에서뿐만 아니라 학문연구에서도 매우 중요해졌다. 현시대에는 다양한 인간관계 모델에 대해 숙고하는 모습을 볼 수 있다. 여기에는 다음과 같은 이유가 있다. 가족 및 친척 관계가 점점 비중을 잃어가고, 그와 동시에 우정이 복합적이고 유동적인 우리 현대사회에서 핵심적이고 적절한 형태의 사회적 관계라는 것이 점점 더 분명해지고 있다.

그렇다면 우정이란 무엇인가? 여기에는 여러 다양한 개념정의가 있다. 그러나 일반적으로 말할 수 있는 것은 우정이 호감과 자발성, 상호성을 바탕으로 시작되어 정해지지 않은 기간 동안 지속되는 개인적 관계라는 것이다. 우정은 법칙이나 규칙으로 규정되지 않는다. 그리고 연령과 사회적 신분, 성별에 따라 상이한 우정의 유형이 있다.

우정에 있어서 나이와 생활환경이 어떤 비중을 차지하는지 조사한 앙케이트에서

는 다음과 같은 대답을 얻었다. 친구가 가장 많은 이들은 18세에서 29세 사이의 젊은이들이다. 사람들은 나이가 들수록 친구가 더 적어지고, 새 친구, 특히 친한 친구를 찾기가 힘들다. 그래서 특히 나이든 사람들이 옛 친구들과의 관계를 유지한다. 또한 가족상황은 우정에 큰 영향을 미친다. 기혼자는, 특히 아이가 있는 경우, 싱글들보다 친구가 적다. 그리고 싱글들은 기혼자보다 친한 친구가 많은데, 친구들을 좀 더 자주 만나고 그들과 함께 하는 일이 더 많기 때문이다.

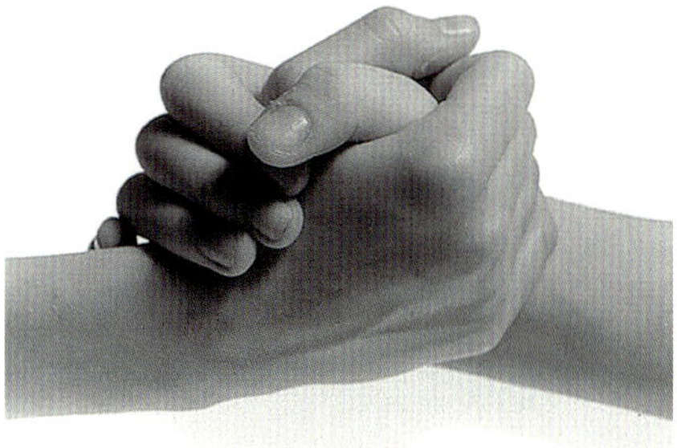

우정에 미치는 성별의 역할에 있어서 남자의 경우와 여자의 경우에 차이가 있는지 조사되었다. 이 점에 대해 학술적 조사를 통해 다음과 같은 차이가 확인될 수 있었다. 남자들 사이의 우정은 목적 지향적이라 할 수 있다. 말하자면 남자들은 축구를 하거나 자동차를 수리하는 일처럼 친구들과 뭔가를 함께 하기 위해 만난다. 이는 독립성이나 객관성, 합리성 등과 같은 남성들의 일반적인 성향과도 분명히 관련이 있다. 그 밖에도 남성들이 처해있는 경쟁상황 때문에 개인적이지 못하고 거리감이 있는 우정의 형태가 발달하는 것으로 보인다. 그에 비해 여성간의 우정은 감정적이고 사교적인 성격을 띤다. 이점 역시 공감능력, 감성, 사교성 같은 전형적인 여성적 성향과 분명히 관계가 있다. 왜냐하면 바로 이런 여성적 성향이 친밀한 우정관계에 유리하기 때문이다. 남녀 사이의 우정에서는 많은 남성들이 여성들과 함께 있을 때 개인적인 일에 대해 더 솔직하게 얘기하는 모습이 눈에 띈다. 이와 반대로 여성들은 남성들과 개인적인 일에 대해 얘기를 덜 한다. 그러나 여성이건 남성이건 남자친구들하고 있을 때보다 여자 친구들하고 있을 때 덜 외롭게 느낀다고 주장한다. 그리고 남녀 둘 다 여성이 남성보다 우정관계에 더 탁월한 능력이 있다고 인정한다.

제 8과 유럽에 소액대출 붐이 일다 - 선구자는 프랑스다

급하게 돈이 필요하지만 일반 은행에서 돈을 얻을 수 없는 사람은 파리 시에서 300유로에서 3천 유로까지 빌릴 수 있다. 이자율 4퍼센트의 이 대출금은 3년 이내에 상환해야 한다. 대출금을 기간 내에 정확하게 상환하면 이자의 절반을 돌려받는다. "이자율 2퍼센트의 대출은 그리 많지 않습니다." 라고 파리 시장은 자랑스럽게 말했다.

Haste mal nen Mikrokredit?

이 프로그램은 먼저, 예를 들면 일자리의 기회를 더 많이 갖기 위해 운전면허증을 따거나 직업교육을 받기 위한 돈이 필요한 무직자들을 겨냥한 것이다. 하지만 파리시의 소액대출은 구직자가 아닌 일반 개인들을 위한 것이기도 하다. 가족이 상을 당해 약 천 유로 정도의 장례비용 부담을 져야 하는데 은행에서 이 돈을 빌릴 수 없는 사람은 시에 대출을 신청할 수 있다고 파리 시청의 현 프로젝트 책임자인 베르나르 깡디야르는 말한다. 또는 이혼을 한다거나 자동차 사고가 났다거나 질병 때문에 돈이 필요한 사람들도 있다. 소영업자들 역시 소액대출이 겨냥하는 그룹에 속한다.

무엇보다도 신속성 때문에 소액대출은 성공을 거두었다고 독일 연방정부 및 은행의 고문기관인 함부르크 에버스&융 연구소의 마르코 합쉬크는 말한다. 일반 대출기관은 긴 시간의 상환능력 검토 후 대체로 2만 유로부터 대출을 해준다.

소액대출에서는 신용을 증명할 필요가 없다고 합쉬크는 말한다. 소액 대출은 단기 대출이 가능하고, 이 경우 대부분 비교적 빠른 시일 안에 채무가 상환된다. 모든 것이 한 눈에 들어오고 컨트롤 될 수 있다. (일반대출의) 까다로운 신청절차는 다수의 개인들과 소영업자들에게는 너무 오래 걸린다. 소규모의 경제적 난관을 극복하는 데에는 소액대출이 이상적인 해결책이라고 한다.

"소액대출 시스템은 은행시스템을 전복시키고 있습니다." 라고 합쉬크는 말한다. 기존에는 충분한 담보가 있는 사람이 신용이 있다고 판단되었다. 하지만 은행고객에 대한 평가가 틀린 경우가 자주 있었다고 한다. "경제적으로 궁핍해도 가난한 사람들은 착실한 채무자들입니다." 라고 합쉬크는 말하며, 1983년 이래 방글라데시에서 축적된 경험을 지적한다. 하지만 방글라데시와 인도, 다수의 아프리카 및 남미 국가들에서만 극빈자들을 위한, 연대의식에 기반한 이 대출제도가 시행되고 있는 것이 아니다. 유럽에서도 이 시스템은 성공을 거두고 있다.

(베라 묄러-홀트캄프, http://www.dw-world.de, 17. 10. 2008)

제 9과 현명한 재판관

어떤 부자가 상당한 액수의 돈을 넣고 꿰매어 둔 보자기를 실수로 잃어버렸다. 그래서 그는 분실 신고를 하고, 보통 그렇게 하듯 정직한 습득자에게 100탈러라는 보상금을 제공하기로 했다.

그러자 곧 어떤 선량하고 성실한 사람이 어디선가 나타났다. "당신의 돈을 내가 발견했소. 이게 당신 돈이 맞을 것이오! 그러니 당신 돈을 가져가시오." 이렇게 그는 선량하고 양심적인 사람의 명랑한 눈빛으로 말했다. 그리고 거기까지는 좋았다. 돈 주인도 기쁜 표정을 지었다. 하지만 그것은 단지 자기가 잃어버렸다고 생각한 돈을 다시 찾았기 때문이었다. 왜냐하면 이 돈 주인이 정말로 정직한 사람인지 여부는 곧 밝혀질 것이기 때문이다.

그는 돈을 세는 동안 재빠르게 어떻게 하면 그 정직한 습득자로부터 자기가 약속한 보상금을 빼앗을 수 있을까 고민했다. 그리고 나서 말했다. "선량한 친구여, 내가 원래 이 보자기 속에 800탈러를 꿰매 넣었소. 그런데 지금 보니 700탈러 밖에 없구려. 그러니 아마 당신이 솔기 하나를 뜯어서 100탈러의

보상금을 벌써 빼간 것 같구려. 그렇게 한 건 잘한 일이오. 고맙소."

그것은 옳지 않은 행동이었다. 그러나 이것으로 사건이 끝난 것은 아니다. 정직이 제일이고 불의는 결국 자기 자신에게 돌아오는 법이다. 그 돈을 주운 정직한 사람은 100 탈러보다 자신의 흠 없는 정직함이 더 중요했고, 그래서 그 보자기는 발견했던 그대로의 상태라고 분명하게 주장했다. 결국 두 사람은 판사를 찾아 갔다. 두 사람은 판사 앞에서도 자신들의 주장을 고수했다. 한 사람은 800 탈러가 그 속에 있었다고 주장했고 다른 사람은 습득물에서 아무것도 꺼내지 않았으며, 보자기를 손상시키지도 않았다고 주장했다. 난감한 상황이었다.

그러나 그 현명한 판사는 한 사람의 정직함과 다른 사람의 나쁜 심성을 이미 아는 것처럼 보였으며, 그 사건을 다음과 같이 처리했다. 그는 두 사람으로부터 자기들이 말한 것에 대해 확고하고 엄숙한 확약을 하도록 했다. 그런 뒤 다음과 같은 판결을 내렸다. "그러므로, 너희 중 한 사람이 800 탈러를 잃었고, 다른 사람이 700 탈러가 든 보자기를 발견했다면, 후자의 돈은 전자가 권리를 주장하는 그 돈과 동일한 것이 아닐 것이다. 그대 정직한 친구여, 그러니 그대가 발견한 그 돈을 다시 가져가서 700 탈러만 잃어버린 사람이 올 때까지 잘 보관하시오. 그리고 거기 그대에게는 그대의 800 탈러를 찾은 사람이 신고할 때까지 기다리라고 밖에 달리 할 말이 없소." 이렇게 그 판사는 말했고, 그 일은 판사의 말대로 되었다.

(요한 페터 헤벨)

제 10과 조선시대에 활동했던 독일인들

1883년 11월 26일 한양에서는 한독우호통상항해조약이 체결되었다. 이로써 독일제국과 조선왕조간에 공식적인 외교관계가 시작되었다.

최초의 독일인이 조선 땅을 밟은 순간부터 1910년 1월까지 조선을 방문한 독일인의 수는 300명이 넘었다. 다음에 소개되는 사람들은 조선에 특별한 의미가 있는 인물들이다.

1876년 조선은 일본과 조약을 체결했는데, 이것은 조선이 외국과 맺은 첫 조약이었다. 하지만 조선왕실은 오랜 고립으로 인해 대외관계에 있어서 문외한이나 다름없었다. 그리하여 고종은 청나라에 고문관 파견을 요청했고, 이에 독일의 법학자이자 중국 지역전문가인 파울 게오르크 폰 묄렌도르프 (Paul Georg von Möllendorff)가 조선에 파견되었다. 그에게 맡겨진 주요임무는 해상관세제도를 확립하는 것이었지만, 1882년 말부터 1885년까지 다른 많은 분야에서도 고문관으로서 활동했다.

함부르크의 상인 칼 안드레아스 볼터는 1884년 제물포에 조선 유일의 독일무역상사였던 H.C.Eduard Meyer & Co.를 세웠다. 이 회사는 1950년 한국전쟁이 발발하기까지 존재했다.

1898년 9월 15일 한양에 독일제국 독일어학교가 설립되었다. 교장은 폼메른 출신의 중등학교 교사였던 요하네스 볼얀 (Johannes Bolljahn)이 맡았다. 이 학교는 1911년 일본에 의해 폐교되었다.

프러시아의 악장이었던 프란츠 에케르트 (Franz Eckert)도 중요한 독일인이다. 일본에서 20년간 성공적으로 활동한 에케르트는 1901년 한양에 궁중악대를 창설했다. 부임 1년 후엔 그가 편곡하고 화성을 넣은 최초의 애국가가 초연되었다.

분쉬는 1901년부터 1905년까지 고종의 시의로 활동한 후 일본을 거쳐 1908년 결국 중국으로 건너갔다. 그는 1911년 칭다오에서 장티푸스로 죽었다.

조선왕실에 큰 영향을 끼친 독일여성으로는 엘자스 출신의 앙트와네트 존탁 (Antoinette Sontag)이 있다. 조선주재 러시아공사 칼 베베르 (Carl Waeber)의 친지였던 존탁 여사는 1885년 그와 함께 입국했다. 1895년 10월 8일 명성황후가 일본인들에 의해 시해되자 고종은 러시아 공사관에서 1년을 보냈다. 고종은 존탁 여사의 보살핌을 높이 평가하여, 그녀를 궁중의전관으로 임명했다. 존탁 여사는 훗날 '존탁 호텔'로 알려진 객관도 운영했다.

베네딕트회 수도사들은 1909년 한양에서 선교활동을 시작했다. 이들은 오늘날에도 왜관에 있는 한 수도원을 선교센터로 운영하고 있다. 조선 베네딕트 선교회의 선구자 가운데 한 사람으로 안드레 에카르트 (Andre Eckardt)를 들 수 있다. 그는 1928년 말 독일로 돌아간 후 교수가 되어 1950년 뮌헨에 최초로 한국학과를 설립했다.

부록

Anhang II

Lesekurs Deutsch

모범답안

Lösungen

1. Nachrichten

Meldungen und Wettervorhersagen

Meldung 1

Fragen zum Text

1. Was wird auf der IMM Cologne ausgestellt?

   Auf der IMM Cologne werden Möbel ausgestellt.

2. Wie lange dauert die Messe?

   Sie dauert eine Woche.

3. Wie viele Länder nehmen an der Ausstellung teil?

   Es nehmen 49 Länder teil.

4. Nennen Sie eines der Themen der Ausstellung!

   Eines der Themen lautet "Verschmelzen verschiedener Wohnbereiche".

5. Was ist mit "Verschmelzen verschiedener Wohnbereiche" gemeint?

   Das bedeutet, dass z.B. die Küche kein separater Raum mehr ist, sondern ins Ess- oder Wohnzimmer integriert wird.

Übungen

1. ④ 2. ② 3. (b) öffne (c) rücke

4. 1) 부엌이 식당과 거실에 통합됨.
   2) 욕실이 침실과 더 가까워짐.

Meldung 2

Fragen zum Text

1. Worum geht es in diesem Text?

   Es geht um den Wechsel von Lukas Podolski vom FC Bayern München zum 1. FC Köln.

2. Wie empfindet Podolski die Entscheidung?

   Podolski ist froh über die Entscheidung.

3. Wie lange dauerten die Verhandlungen?

   Sie dauerten mehrere Monate.

4. Bei welchem Club spielte Podolski, bevor er nach München kam?

   Er spielte beim 1. FC Köln.

5. Welche Ablösesumme wurde im Jahr 2006 bezahlt?

   Es wurden 10 Millionen Euro bezahlt.

Übungen

1. ①
2. "Ich bin froh, dass die Entscheidung über meine sportliche Zukunft gefallen ist und die Spekulationen um meine Person ein Ende haben."
3. ①
4. ④

Wettervorhersage 1

Fragen zum Text

1. Wodurch wird das Wetter in Norddeutschland bestimmt?

   Das Wetter in Norddeutschland wird durch ein Tiefdruckgebiet aus Skandinavien bestimmt.

2. Wie ist das Wetter in Südwestdeutschland?

   In Südwestdeutschland gibt es Aufheiterungen und milde Temperaturen.

3. Wodurch wird das Wetter ab Mitte der Woche bestimmt?

   Es wird durch ein Hoch aus Russland bestimmt.

4. Wie viele Tage dauert es bis zu einer Wetterbesserung?

   Bis zur Wetterbesserung dauert es vier Tage.

Übungen

1. Mit
2. ④
3. ①
4. ②
5. ③
6. ②

Wettervorhersage 2

Fragen zum Text

1. Wie ist die Wetterlage im Rheingebiet?

   Die Wetterlage ist unbeständig, und es gibt häufig Schauer und Gewitter.

2. Wie ist das Wetter im Osten?

   Im Osten ist es trocken.

3. Wie entwickelt sich das Wetter im Bereich der Alpen?

   Im Bereich der Alpen könnte es Wärmegewitter geben.

4. Wie lautet die Vorhersage für das Wochenende?

   Für das Wochenende ist schönes Wetter vorhergesagt.

5. Sind folgende Aussagen richtig (R) oder falsch (F)?

   1) Im Großteil Deutschlands ist das Wetter unbeständig. *(F)*

   2) Im Rheinland gibt es ein Gewitter. *(R)*

   3) Im Bergland bleibt es die ganze Woche weitgehend trocken. *(F)*

Grammatik

1.

Meldung 1:

Die Küche ***öffne*** sich immer mehr zum Ess- und Wohnzimmer, das Bad ***rücke*** näher an das Schlafzimmer heran, sagte der Präsident des Verbands der Deutschen Möbelindustrie (VDM), Elmar Duffner. Das ***spiegle*** sich auch in den Möbeln wider.

Meldung 2:

Er ***sei*** froh, dass die Entscheidung über seine sportliche Zukunft gefallen sei und die Spekulationen um seine Person ein Ende ***hätten***, erklärte Podolski am Montag.

2.

Meldung 1

"Die Küche ***öffnet*** sich immer mehr zum Ess- und Wohnzimmer, das Bad ***rückt*** näher an das Schlafzimmer heran."

"Das ***spiegelt sich*** auch in den Möbeln ***wider***."

Meldung 2:

"***Ich bin*** froh, dass die Entscheidung über ***meine*** sportliche Zukunft gefallen ***ist*** und die Spekulationen um ***meine*** Person ein Ende ***haben***."

2. Märchen

Die Fremdsprache

Fragen zum Text

1. Wo spielt die Geschichte?

   Die Geschichte spielt in der Schweiz.

2. Was ist ein "Graf"?

   Ein Graf ist ein deutscher Adliger.

3. Wie viele Kinder hat der Graf?

   Der Graf hat nur ein Kind, einen Sohn.

4. Wohin schickt der Vater seinen Sohn und warum?

   Er schickt ihn zu einem Lehrer, weil er einen klugen Sohn haben möchte.

5. Wie lange bleibt der Sohn fort?

   Er bleibt ein Jahr fort.

6. Was hat der Sohn gelernt?

   Er hat die Hundesprache gelernt.

7. Was ist die Reaktion des Vaters?

   Er ist sehr wütend und schmeißt seinen Sohn raus.

8. Wohin kommt der Junge eines Tages und was will er dort?

   Eines Tages kommt er zu einer Burg und will dort übernachten.

9. Warum ist es im Turm gefährlich?

   Weil drei wilde Hunde dort leben, die auch Menschen fressen.

10. Warum überlebt der Junge die Nacht im Turm?

   Weil er mit den Hunden gesprochen hat.

11. Welchen Auftrag bekommt der Junge vom Burgherrn?

   Er soll den Schatz holen.

12. Wie geht die Geschichte zu Ende?

   Der Burgherr adoptiert den Jungen und beide leben glücklich und zufrieden.

Übungen

1. ①　　2. ②

3. ④

4. (a) hat nichts lernen wollen.

   (b) Der Junge ist also in eine andere Stadt gezogen und ein Jahr bei dem Lehrer geblieben.

5. ②　　6. ①

7. ③　　8. ③

9. Dort leben drei auch Menschen fressende Hunde, vor denen alle Leute Angst haben.

10. deren

11. ②

12. ③

13. ③

Grammatik

In der Schweiz ***hat*** einmal ein Graf ***gelebt***. Er ***hat*** nur einen einzigen Sohn ***gehabt***, aber der ***ist*** dumm ***gewesen*** und ***hat*** nichts ***lernen wollen***. Da **hat** sein Vater zu ihm ***gesprochen***: "Mein lieber Sohn, du musst fort von hier. Ich will dich zu einem Lehrer schicken, der soll dich unterrichten. Ich möchte einen klugen Sohn!"

Der Junge ***ist*** also in eine andere Stadt ***gezogen*** und ein Jahr bei dem Lehrer ***geblieben***. Danach ***ist*** er wieder nach Hause ***zurückgekommen***, und sein Vater ***hat gefragt***: "Nun, mein Sohn, du ***bist*** ein Jahr ***fortgewesen***. Was ***hast*** du denn in dieser Zeit ***gelernt***?" Und der Sohn ***hat geantwortet***: "Vater, ich kann jetzt bellen wie die Hunde, ich verstehe ihre Sprache." Da ***hat*** der Graf zornig ***gerufen***: "Was? Sonst ***hast*** du nichts ***gelernt***? Fort von hier, du bist nicht mehr mein Sohn. Ich will dich in meinem Haus nicht mehr sehen!"

Da ***hat*** der Junge sein Vaterhaus ***verlassen*** und ***ist*** viele Tage und Wochen ***gewandert***. Eines Tages ***ist*** er zu einer Burg ***gekommen***. Es ***ist*** schon Abend ***gewesen***, und er ***hat*** die Nacht hier ***bleiben wollen***. "Ja," ***hat*** der Burgherr ***gesagt***, "da unten in dem Turm kannst du schlafen. Es ist allerdings gefährlich. Drei wilde Hunde leben dort, die auch Menschen fressen. Alle Leute haben Angst vor ihnen." Aber der Junge ***hat*** keine Angst ***gehabt*** und ***ist*** in den Turm ***gegangen***.

Am nächsten Morgen ***ist*** er wieder ***herausgekommen*** und gesund ***gewesen***. Da ***hat*** er zum Burgherrn ***gesprochen***: "Ich ***habe*** mit den Hunden ***gesprochen***, ich spreche ihre Sprache. Diese Hunde ***sind*** früher Menschen ***gewesen***. Jetzt müssen sie dort einen Schatz bewachen. Diesen Schatz sollen wir herausholen." Da ***hat*** sich der Burgherr ***gefreut*** und ***gesagt*:** "Dann geh und hol den Schatz!" Der Junge ***ist*** also wieder ***hinuntergestiegen*** und ***hat*** wirklich eine Kiste mit Gold ***heraufgebracht***.

Von diesem Tag an ***hat*** man die Hunde nicht mehr ***gesehen und gehört***, und die Leute ***haben*** wieder ohne Angst ***leben können***. Der Burgherr aber ***hat*** den Jungen wie einen Sohn ***aufgenommen***, und beide ***haben*** noch lange ***gelebt*** und **sind** glücklich und zufrieden ***gewesen***. Und wenn sie nicht gestorben sind, so leben sie noch heute.

3. Kultur

2x Seltsames über Deutschland

Seltsames 1

Fragen zum Text

1. Was machen viele Taxifahrer in Deutschland gerne?

   Sie schimpfen gern über das Wetter.

2. Wie wird der Sommer charakterisiert?

   Der Sommer wird als zu regnerisch charakterisiert.

3. Was bedeutet im Text der Ausdruck "richtiger Herbst"?

   Der Ausdruck bedeutet "typisches Herbstwetter"; häufiger Sonnenschein, schöne Herbstfärbung und angenehme Temperaturen.

4. Was passiert im Januar gelegentlich?

Gelegentlich scheint die Sonne, die Straßen sind trocken, der Himmel ist klar und die Vögel zwitschern bei 12 Grad plus.

5. Warum versammeln sich die Schüler am Bahnhof?

Weil sie die Schule schwänzen.

6. Was bedeutet der Ausdruck "blaumachen"?

"Blaumachen" bedeutet, ohne richtigen Grund nicht zur Arbeit zu gehen.

7. Sind folgende Aussagen richtig (R) oder falsch (F)?

   1) Viele Taxifahrer finden das Wetter im Winter besonders angenehm. *(F)*

   2) Oft haben die Taxifahrer mit ihren Wettervorhersagen Recht. *(R)*

   3) Im Januar scheint nie die Sonne. *(F)*

   4) Die Schüler fahren in Gruppen mit dem Zug zur Schule. *(F)*

   5) Die meisten Erwachsenen billigen das Verhalten der Schüler. *(R)*

Übungen

1. ④

2. 어른들은 그들을 보며 미소짓고, 대부분 그것을 이해하며, 지신들도 그런 날씨에는 일을 빼먹고 놀고 싶어 한다.

Seltsames 2

Fragen zum Text

1. Warum besuchen viele Deutsche nach Weihnachten die Geschäfte?

   Weil sie Geschenke, die sie nicht haben möchten, umtauschen wollen.

2. Wie gehen Japaner mit ihren Geschenken um?

   Japaner würden die Geschenke nicht umtauschen, auch wenn sie mehrmals das gleiche Geschenk bekommen.

3. Was findet Emiko ungewöhnlich?

   Sie findet Wunschlisten ungewöhnlich.

4. Aus welcher Stadt in ihrer Heimat kommt Emiko?

   Sie kommt aus Yokohama.

5. Wie vergleicht sie türkische Männer mit Japanern?

   Türkische Männer seien den japanischen Männern sehr ähnlich.

6. Was ist der Unterschied zwischen japanischen und deutschen Männern?

   Deutsche Männer können im Vergleich zu japanischen kochen, abwaschen und sogar Obst schälen. (... die Hausarbeit machen).

7. Wie viel Urlaub bekommt man in Japan?

   Anfänger 7 Tage und diejenigen, die schon länger arbeiten, 12 Tage pro Jahr, aber nicht am Stück.

8. Was vermisst Emiko in Deutschland?

   Sie vermisst Seetang mit Sojasoße und Trockenfisch sowie ein tägliches Bad.

9. Was würden Sie vermissen, wenn Sie lange Zeit außerhalb Ihres Heimatlands wären?

   (Z.B.) Ich würde sicherlich Gimchi vermissen.

10. Sind folgende Aussagen richtig (R) oder falsch (F)?

1) Emiko ist seit 1992 mit einem Deutschen verheiratet. *(F)*

2) Japaner haben nicht so viel Freizeit wie Deutsche. *(R)*

3) Japanische Väter verbringen viel Zeit mit ihren Kindern. *(F)*

4) Viele japanische Frauen haben einen Uni-Abschluss und sind berufstätig. *(F)*

5) In Japan wird jeden Tag ausgiebig gebadet. *(R)*

Übungen

1. Damit sie unwillkommene Präsente umtauschen.
2. In Japan würde es niemand wagen, ein Geschenk umzutauschen.
3. ①
4. Die Listen seien zwar sehr praktisch, aber sie finde sie ungewöhnlich.
5. ②
6. Die Deutschen haben im Vergleich ein recht geruhsames Leben und lange Urlaub.
7. An
8. 한꺼번에/몰아서
9. ④
10. ③

Grammatik

1. Klaus sagt: “Ich fahre nach Berlin.”
2. Sie erzählt: “Der Test ist schon am Freitag.”
3. Er teilte mir mit: “Ich will mir morgen ein neues Auto kaufen.”
4. Sie schrie mich an: “Ich will dich nicht mehr sehen.”

5. Ihr wurde erklärt: "Sie dürfen (du darfst) nicht in den Operationssaal gehen."
6. Sie erzählten uns: "Wir lesen im Unterricht gerade ein Buch von Goethe."
7. Ihre Mutter hat behauptet: "Ich bin gestern schon nach Köln gefahren."
8. Er hat erzählt: "Ich habe eigentlich nur schnell ein paar Zigaretten holen wollen."
9. Er berichtete: "Ich habe mich bei meiner Nachbarin beschwert."
10. Claudia sagte mir: "Ich habe gestern früher zur Uni gehen sollen."

4. Technologie

Die Vierte Industrielle Revolution

Fragen zum Text

1. Was wird sich durch die derzeitige technische Revolution verändern?

   Sie wird unsere Art zu leben, zu arbeiten und miteinander umzugehen verändern.

2. Wodurch zeichnet sich die Erste / Zweite / Dritte / Vierte Industrielle Revolution aus?

   Die Erste Industrielle Revolution nutzte Wasser und Dampfkraft, um die Produktion zu mechanisieren.

   Die Zweite nutzte Elektrizität, um die Massenproduktion zu ermöglichen.

   Die Dritte nutzte Elektronik und Informationstechnologie, um die Produktion zu automatisieren.

   Die Vierte zeichnet sich durch eine Verschmelzung/Vernetzung von Technologien aus.

3. Welche Gründe gibt es, von einer Vierten Industriellen Revolution zu sprechen?

   Die drei Gründe lauten: Schnelligkeit, Reichweite und systemische Wirkung.

4. Wodurch entstehen unbegrenzte Möglichkeiten für Milliarden von Menschen?

   Durch Verarbeitungs- und Speicherkapazität, wenn man über Mobilgeräte miteinander verbunden ist.

5. Wodurch wird künstliche Intelligenz unterstützt?

   Sie wird durch ein exponentielles Wachstum der Computerkapazitäten und der Verfügbarkeit von riesigen Datenmengen unterstützt.

6. Was wird mittlerweile durch Apps unter anderem ermöglicht?

   Unter anderem ermöglichen Apps die Entdeckung neuer Medikamente sowie eine Voraussage von kulturellen Interessen.

7. Wer experimentiert mit computerbasiertem Design und warum?

   Ingenieure, Designer und Architekten experimentieren damit, um eine Symbiose zwischen Mikroorganismen, unseren Körpern, den konsumierbaren Produkten und unseren Wohnungen zu erzielen.

8. Welche Chancen bietet die Vierte Industrielle Revolution und für wen?

   Die Chance, das Einkommen sowie den Lebensstandard aller Menschen auf der Welt zu verbessern. Das gilt bis dato besonders für diejenigen Verbraucher, die es sich leisten können, an der digital vernetzten Welt teilzunehmen.

9. Was verdanken wir der modernen Technologie?

   Wir verdanken der modernen Technologie neue Produkte und Dienstleistungen, die unser Leben effizienter und angenehmer gestalten.

Übungen

1. ④
2. (a): selbstfahrende, (c): erlebte
3. ③
4. ①
5. zunutze
6. ②
7. Man erreichte noch nie die Schnelligkeit, mit der man derzeit Durchbrüche erzielt.
8. gewesenen
9. ④
10. ①
11. ①인공지능: Künstliche Intelligenz
    ②사물인터넷: das Internet der Dinge
    ③자율주행차량: autonome Fahrzeuge / selbstfahrende Fahrzeuge
    ④ 3D 프린트: 3D-Druck
12. mit
13. ④
14. ④
15. ③
16. ②
17. ③

Grammatik

1. *Paul wäscht das Auto.*
2. *Man reparierte den Computer.*
3. *Der Termin lässt sich verschieben.*
4. *Die neuen Rechtschreibregeln finden in Korea bereits Anwendung.*
5. *Die alten Computer unserer Firma verkauften sich gut.*
6. *Die Studenten sind auszubilden.*

5. Gesellschaft

Der lange Kampf um Gleichberechtigung

Fragen zum Text

• Sind folgende Aussagen richtig (R) oder falsch (F)?

1. Alle Gemeinderäte sind von Männern beherrscht. *(F)*
2. Clara Zetkin rang um Gerechtigkeit und hatte damit Erfolg. *(R)*
3. Beim Kampf um politische Gleichberechtigung der Frauen engagierten sich keine Politikerinnen. *(F)*
4. Die politischen Unruhen und Revolutionswirren von 1918/19 führten zum Stimmrecht für Frauen. *(R)*
5. Seit 1918 durften alle weiblichen Personen wählen. *(F)*
6. Die konservativen Gegner der Frauenbewegung behaupteten, dass die Natur der Frauen unpolitisch sei. *(R)*
7. Die Nationalsozialisten verboten Frauen, für politische Ämter zu kandidieren. *(R)*
8. Im Bundestag und in den Landesparlamenten liegt der Anteil der weiblichen Mitglieder bei insgesamt 30%. *(F)*

Übungen

1. ④
2. ③
3. Applaus, der lang anhielt.
4. um
5. ③
6. Frauenstimmrecht
7. ①
8. ③
9. ①
10. ④
11. Die in den Reichstag gewählten Frauen
12. ④
13. ②

Grammatik

1. Heute sind ein Drittel aller Abgeordneten, die in deutschen Parlamenten sitzen, weiblich.
2. Diesen kurzen Augenblick hat die Kommunistin, die lange um Gerechtigkeit gerungen hat, wahrscheinlich genossen.
3. Doch nicht nur Politikerinnen, sondern Frauen, die aus allen Teilen der Bevölkerung kamen, engagierten sich in diesem Kampf.
4. Die Frauen fanden offene Ohren bei den Politikern, die um Veränderungen in Deutschland kämpften, und den Revolutionären.
5. Sie verboten den Frauen, die nach politischer Anerkennung strebten, für politische Ämter zu kandidieren.
6. Die in den Reichstag gewählten Frauen verloren ihre Mandate.
7. Die Benachteiligung von Frauen ist ein schon lange existierendes Phänomen.

6. Film

Jenseits der Stille

Fragen zum Text

1. Welche Sätze im Dialog gehören Lara?

   A. Er sagt "knirsch, knirsch", und "brr, brr" ...

   B. Also ehrlich gesagt, sagt der Schnee nicht viel. ...

   C. Clarissa war heute in der Schule.

   D. Sie hat bald Geburtstag. ...

   E. Bitte komm mit, Papa. Mir zuliebe.

2. In welchem Raum sind die beiden Personen?

   Sie sind in der Werkstatt.

3. Wie ist das Wetter?

   Es schneit.

4. Welche Tageszeit ist es?

   Es ist Nacht.

5. Warum findet das Gespräch zwischen Lara und ihrem Vater überhaupt statt?

   Weil Lara ihren Vater überreden will, zum Großvater mitzukommen.

6. Zu welchem Anlass will der Großvater die Familie zum Essen einladen?

   Clarissa hat Geburtstag.

7. Was verschweigt Lara bewusst und warum?

   Sie verschweigt, dass sie nach Berlin eingeladen ist, da ihr Vater sicherlich nicht mitkommen würde, wenn er das wüsste.

8. Was bedeutet der Satz: "Er fiel nie mit der Tür ins Haus."?

   Er sprach nie ein Problem direkt an.

9. Was bedeutet der Satz: "Ich hatte gewonnen."?

   Ich hatte mein Ziel erreicht. / Ich setzte meinen Willen durch.

Übungen

1. eine
2. ④
3. ②
4. ①
5. auf seine sensible Weise
6. ③
7. ②
8. ③
9. ④
10. ③
11. ②
12. ①
13. ①
14. ④
15. ②

Fragen zum Interview

1. Wie ist Caroline Link auf die Idee für diesen Film gekommen?

   Durch einen Zeitungsartikel in Amerika über gehörlose Eltern.

2. Wie hat sie sich über die Situation von Gehörlosen informiert?

   Durch Literatur über Gehörlosigkeit und den Besuch von Theaterstücken und einer Universität für Gehörlose.

3. Was für einen Film wollte Caroline Link machen?

   Sie wollte einen Liebesfilm und einen Film über das Erwachsenwerden machen.

4. Warum war es schwierig, den Film zu finanzieren?

   Weil das Publikum lieber Komödien anstatt Problemfilme sehen will.

5. Was sagt Caroline Link zum Happy End? Wie finden Sie das?

   Caroline Link sagt, dass sie Happy Ends mag und nicht deprimiert aus dem Kino kommen will.

   Ich bin der gleichen Meinung, weil .... / Ich bin anderer Meinung, weil ...

Grammatik

- **gehörlos:** *Die **gehörlosen** Kinder kommunizieren mit der Gebärdensprache.*
- **absurd:** *Es ist eine **absurde** Idee, dass er ohne Geld eine Weltreise machen will.*
- **alltäglich:** *Das ist eine **alltägliche** Geschichte, die nicht so spannend klingt.*
- **eigen:** *Sie hat keinen **eigenen** Wagen.*
- **einzig:** *Er ist der **einzige** Sohn des Grafen.*
- **spannend:** *Ich habe einen **spannenden** Roman gelesen.*

7. Wissenschaft

Was ist Freundschaft?

Fragen zum Text

1. In welchen Bereichen wird das Thema "Freundschaft" immer wichtiger und warum?

   Das Thema "Freundschaft" wird sowohl in der öffentlichen Diskussion als auch in der wissenschaftlichen Forschung immer wichtiger, weil Freundschaft in der modernen, komplexen und flexiblen Gesellschaft eine zentrale und angemessene Form sozialer Beziehungen ist.

2. Wodurch wird "Freundschaft" nicht bestimmt?

   Freundschaft wird nicht von Gesetzen oder Regeln bestimmt.

3. Was wird über die Bedeutung des Alters in Bezug auf "Freundschaft" ausgesagt?

   Die meisten Freunde haben junge Menschen im Alter zwischen 18 und 29 Jahren. Je älter Menschen sind, desto weniger Freunde haben sie, und es wird schwieriger für sie, neue und besonders enge Freunde zu finden.

4. Spielt der Familienstatus für "Freundschaft" ebenfalls eine Rolle?

   Ja, auch der Familienstatus hat einen großen Einfluss auf Freundschaften. Denn Verheiratete, besonders mit Kindern, haben weniger Freunde als Singles. Und Singles haben auch mehr enge Freunde als Verheiratete, weil sie ihre Freunde öfter sehen und mehr mit ihnen gemeinsam unternehmen.

Übungen

1. Im Allgemeinen soll Freundschaft eine persönliche Beziehung sein.

2. je nach
3. ③
4. ④
5. ③
6. ①
7. ③
8. ④
9. Empathie
10. ④
11. kann
12. ①
13. ①
14. ist zu/lässt sich
15. ③
16. ③

Grammatik

A: Übungen zu Modalverben

1. muss — *2. will/möchte*

3. muss — *4. darf*

5. möchte — *6. möchte/will*

7. kann/darf — *8. muss*

9. soll/kann — *10. können*

11. kann — *12. will – Wollen*

13. sollst — *14. möchten/wollen/können*

15. darf

B: Übungen zu Modalverben-Konstruktionen

1. *Es kann beobachtet werden/Man kann beobachten, dass ...*
2. *Es könnten an dieser Stelle viele Definitionen aufgezählt werden, aber im Allgemeinen ist zu sagen, dass ...*
3. *... konnte folgende Antwort gefunden werden.*
4. *In wissenschaftlichen Untersuchungen waren dabei folgende Unterschiede festzustellen: ...*
5. *Denn es war zu beobachten/Denn es ließ sich beobachten, dass ...*

8. Wirtschaft

Mikrokredite boomen in Europa: Frankreich ist Vorreiter

Fragen zum Text

1. Welchen Geldbetrag kann man sich leihen?

   Man kann sich zwischen 300 und 3.000 Euro leihen.

2. An welche Gruppen richtet sich das Programm?

   Es richtet sich an Arbeitslose, Privatpersonen und Kleinstunternehmen.

3. Warum haben Kleinkredite Erfolg?

   Sie haben Erfolg, weil man sie schnell bekommen kann.

4. Was unterscheidet die Mikrokredite von normalen Bankkrediten?

   Bei Mikrokrediten braucht man keine Kreditwürdigkeit, und man bekommt kurzfristig eine geringe Summe.

Übungen

1. ①
2. an
3. ③
4. Bei der Aufnahme eines Mikrokredites
5. zurückgezahlt
6. Zur Überbrückung kleinerer finanzieller Engpässe sei ein Mikrokredit die ideale Lösung.
7. Man habe aber Bankkunden oft falsch eingeschätzt.
8. ③
9. ③
10. ④
11. ③

Grammatik

A.

1. *Wenn man die Schulden pünktlich zurückzahlt/ Vorausgesetzt, dass man die Schulden pünktlich zurückzahlt, bekommt man die Hälfte der Zinsen zurück*
2. *Weil Kleinkredite vor allem schnell seien*, hätten *sie* Erfolg, (...)
3. *Um kleinere finanzielle Engpässe zu überbrücken*, sei ein Mikrokredit die ideale Lösung.
4. *Indem Mikrokredite vergeben werden*, wird auch Armut bekämpft.

B.

1. Das aufgenommene Geld dient etwa *zur Finanzierung eines Führerscheins oder einer Weiterbildung.*
2. *Bei einer Scheidung* kann man sich bei der Stadt melden.
3. *Bei der Aufnahme eines Mikrokredites* muss man keine Kreditwürdigkeit vorweisen.
4. *Durch die Unterstützung der Armen in einem Land* wird die ganze Gesellschaft gestärkt.

9. Anekdote

Der kluge Richter

Fragen zum Text

1. Auf welche Weise hatte der reiche Mann sein Geld versteckt?

   Er hatte es in ein Tuch eingenäht.

2. Wieso hatte der reiche Mann sein Geld verloren?

   Weil er unvorsichtig war. (Weil er nicht aufgepasst hatte.)

3. Beschreiben Sie den Charakter des Finders!

   Der Finder war ein guter und ehrlicher Mann.

4. Wie viel Geld hatte der Reiche verloren und der Finder gefunden?

   700 Taler

5. Erklären Sie anhand der Anekdote den Ausdruck "jemanden um etwas bringen"!

   Dafür sorgen, dass jemand seine verdiente (versprochene) Belohnung nicht bekommt.

6. Welche Aussagen machten der Reiche und der Finder vor Gericht?

   Der Reiche behauptete, dass 800 Taler eingenäht waren, und der Finder sagte, dass er kein Geld aus dem Tuch genommen hatte.

7. Was war der Grund für die Entscheidung des Richters?

   Der Grund war, dass der Richter die Ehrlichkeit des Finders und die Schlechtigkeit des reichen Mannes erkannt hatte.

Übungen

1. ①
2. um
3. 정직이 제일이고 불의는 결국 자기 자신에게 돌아오는 법이다.
4. den
5. ③
6. ②
7. ②
8. ③
9. ④
10. ②
11. ②
12. was
13. 700탈러가 든 꾸러미를 발견한 사람
14. ④

Grammatik

Er **hat** daher seinen Verlust bekannt **gemacht** und, wie man zu tun pflegt, dem ehrlichen Finder eine Belohnung **geboten** - und zwar von hundert Talern.

Da **ist** bald ein guter und ehrlicher Mann dahergegangen **gekommen**. So **hat** er mit dem heiteren Blick eines ehrlichen Mannes und eines guten Gewissens **gesprochen** – und das **ist** schön **gewesen**. Der andere **hat** auch ein fröhliches Gesicht **gemacht**, aber nur, weil er sein verloren geschätztes Geld wieder **gehabt hat**. Denn wie es um seine Ehrlichkeit **ausgesehen hat**, das wird sich bald zeigen.

Er **hat** das Geld **gezählt** und unterdessen geschwind **nachgedacht**, wie er den treuen Finder um seine versprochene Belohnung bringen könnte. “Guter Freund”, **hat** er hierauf **gesprochen**, ...

Das **ist** nicht schön **gewesen**. ... Der ehrliche Finder, dem es weniger um die 100 Taler, als um seine unbescholtene Rechtschaffenheit zu tun **gewesen ist**, **hat versichert**, dass er das Päcklein so gefunden habe. Am Ende **sind** sie vor den Richter **gekommen**. Beide **haben** auch hier noch auf ihrer Behauptung bestanden ... Da **ist** guter Rat teuer **gewesen**.

Aber der kluge Richter, der die Ehrlichkeit des einen und die schlechte Gesinnung des andern im Voraus zu kennen schien, **hat** die Sache so **angegriffen**: Er **hat** sich von Beiden über das, was sie **ausgesagt haben**, eine feste und feierliche Versicherung geben **lassen**– und hierauf folgenden Ausspruch **getan** ... So **hat** der Richter **gesprochen** – und dabei **ist** es **geblieben**.

10. Geschichte

Deutsche Persönlichkeiten im "Lande der Morgenstille"

Fragen zum Text

1. Wann begannen die offiziellen Beziehungen zwischen Deutschland und Korea?

   Die offiziellen Beziehungen zwischen Deutschland und Korea begannen am 26. November 1883.

2. Was wird im Text über die Anzahl aller Deutschen gesagt, die bis 1910 in Korea waren?

   Die Anzahl aller Deutschen, die bis 1910 in Korea waren, beträgt über 300.

3. Welche Rolle spielte Paul Georg von Möllendorff in Korea?

   Er sollte in Korea ein Zollwesen aufbauen und war auch Berater auf vielen anderen Gebieten.

4. Wo, wann und durch wen wurde eine deutsche Handelsfirma gegründet?

   In Chemulpo wurde 1884 durch Carl Andreas Wolter die deutsche

Handelsfirma H. C. Eduard Meyer & Co. gegründet.

5. Wie lange bestand diese Firma in Korea?

   Sie bestand in Korea bis 1950.

6. Wann wurde die Deutsche Sprachschule gegründet?

   Sie wurde am 15. Sep. 1898 gegründet.

7. Wie hieß der Direktor der deutschen Schule und woher kam er?

   Er hieß Johannes Bolljahn und kam aus Pommern.

8. Wer war Franz Eckert und was hat er in Korea gemacht?

   Er war Kapellmeister, hat eine Hofkapelle aufgebaut und die erste koreanische Nationalhymne arrangiert.

9. Warum war Dr. Richard Wunsch von 1901 bis 1905 in Korea?

   Weil er der Leibarzt von König Gojong war.

10. Was machte Dr. Wunsch nach seinem Aufenthalt in Korea?

    Er ging zuerst nach Japan und dann nach China.

11. Wann, wo und woran ist Richard Wunsch gestorben?

    1911 starb er in Qingdao an Typhus.

12. Wann verübten die Japaner ihr Attentat auf Königin Min?

    Die Japaner verübten ihr Attentat auf Königin Min am 8. Okt. 1895.

13. Was hatte König Gojong mit Antoinette Sontag zu tun?

    Nach seiner Flucht in die russische Gesandtschaft kümmerte sich Antoinette Sontag dort um ihn.

14. Womit war Antoinette Sontag in Seoul beschäftigt?

    Sie war Zeremonienmeisterin am koreanischen Kaiserhof und hatte eine Pension.

15. Wann begannen die Tätigkeiten der Benediktiner in Korea?

    Im Jahre 1909 begannen die Tätigkeiten der Benediktiner durch Andre Eckardt.

16. Wann ging Andre Eckardt nach Deutschland zurück und was machte er dort?

Ende 1928 ging er nach Deutschland zurück und gründete 1950 in München die deutsche Koreanistik.

17. Sind die folgenden Aussagen richtig (R) oder falsch (F)?

1) Im November 1883 kam der erste Deutsche nach Korea. *(F)*

2) Am 1. Jan. 1910 lebten 300 Deutsche in Seoul. *(F)*

3) 1876 reiste König Gojong zum ersten Mal nach China. *(F)*

4) Paul Georg von Möllendorff war Direktor der deutschen Schule in Seoul. *(F)*

5) Möllendorff hatte Jura und Koreanistik studiert. *(F)*

6) Carl Wolter ging 1908 nach Qingdao, um dort zu arbeiten. *(F)*

7) Franz Eckert arrangierte 1902 die erste koreanische Nationalhymne. *(R)*

8) Richard Wunsch war als Geologe 2 Jahre in Korea unterwegs. *(F)*

9) Antoinette Sontag war mit einem russischen Gesandten verheiratet. *(F)*

Übungen

1. ③	2. ③
3. ④	4. ④
5. ①	6. ②
7. ③	8. ②
9. ①	10. ②

Grammatik

Eine sehr einflussreiche Dame am koreanischen Hof **ist** die Elsässerin *Antoinette Sontag* **gewesen**. Im Jahre 1885 **hat** sie ihren Verwandten, den russischen Diplomaten Carl Waeber, nach Korea **begleitet**. Nach dem Attentat der Japaner auf Königin Min am 8. Okt. 1895 **hat** König Gojong ein Jahr in der russischen Gesandtschaft **verbracht**. Aufgrund der großen Fürsorge von Antoinette Sontag **hat** er sie zur Hofzeremonienmeisterin **ernannt**. Sie **hat** auch eine Pension **besessen**, die später unter dem Namen "Sontag Hotel" **bekannt geworden ist**.

Im Jahre 1909 **haben** die Benediktinermönche ihre Tätigkeit in Seoul **begonnen**. Sie unterhalten heute noch ein Kloster in Waegwan als Missionszentrale. Einer der Pioniere der Benediktinermission in Korea **ist** *Andre Eckardt* zu nennen. Er **ist** Ende 1928 nach Deutschland **zurückgekehrt** und **hat** im Jahre 1950 als Professor in München die deutsche Koreanistik **gegründet**.

개정판
독일어 읽기 제1권
Lesekurs Deutsch Band 1

초　판 1쇄 발행 2011년 9월 30일
수정판 1쇄 발행 2013년 2월 28일
수정판 2쇄 발행 2018년 3월 2일
개정판 1쇄 발행 2022년 3월 4일

집필진	장은수 · Hans-Alexander Kneider 김형래 · 류용상 · Kai Köhler 배기정 · Michael Weitz · 서유정
발행인	고윤성 Director, University Knowledge Press
편집장	신선호 Executive Knowledge Contents Creator
도서편집	이근영 Contents Creator 장혜정 Contents Creator
재무관리	조아라 Managing Creator 정윤경 Managing Creator
전자책 · 사전	장지혜 Contents Creator
발행처	한국외국어대학교 지식출판콘텐츠원 02450 서울특별시 동대문구 이문로 107 전화 02)2173-2493~7 팩스 02)2173-3363 홈페이지 http://press.hufs.ac.kr 전자우편 press@hufs.ac.kr 출판등록 제6-6호(1969. 4. 30)
디자인 · 편집	(주)이환디앤비 02)2254-4301
인쇄 · 제본	(주)케이랩 053)583-6885

ISBN 979-11-5901-890-9 14750　　　　정가 21,000원

*잘못된 책은 교환하여 드립니다.

HUINE은 한국외국어대학교 지식출판콘텐츠원의 어학도서, 사회과학도서, 지역학 도서 Sub Brand이다. 한국외대의 영문명인 HUFS, 현명한 국제전문가 양성(International +Intelligent)의 의미를 담고 있으며, 휴인(携引)의 뜻인 '이끌다, 끌고 나가다'라는 의미처럼 출판계를 이끄는 리더로서, 혁신의 이미지를 담고 있다.

이 책의 음원(mp3)은 한국외국어대학교 지식출판콘텐츠원 홈페이지(press.hufs.ac.kr) - 게시판 - 자료실에서 다운받아 사용하시기 바랍니다.

Lesekurs Deutsch Band 1